IWANAMI TEXTBOOKS α

歴史学入門 新版

福井憲彦 Fukui Norihiko

岩波書店

はじめに——新版への序として

二一世紀にはいって、かなりの時を経たが、地球世界はますます変化の速度を上げ、抱えている問題もいよいよ多様な様相を呈している。混迷の時代、という人もいる。夢が語られるより、むしろ行く末の不透明感が感じられることの方が多いのではないか。

そうした時代だからこそ、といってよいのかもしれないが、歴史にたいして関心を寄せる方々も少なくない。しかし多くの場合に、歴史好きの方たちは、すでにできあがった歴史像を受け取って、ご自分たちの歴史へのイメージを形づくり、判断をはたらかせているように思われる。みながみな専門の研究者ではないのだから、それもやむをえないところはある。しかし、ちょっとこんな声にも、耳を傾けてほしいと思う。

私は、いまはリタイアしたが学習院大学の文学部史学科というところに籍を置いて、歴史の勉強に明確な興味をもって毎年入学してくる学生たちと、長年つきあってきた。彼ら彼女らを前にして、まず私たち教員がいったことの一つは、こうである。

「おそらく、いままでは歴史像の受け手、消費者の位置にみなさんはいたと思う。これからは、いかにしてそれらの歴史像が生み出されてきたのかについて学び、みずからが歴史像を描き発信する側、つまりは生産者の位置に立てるように努力しよう。そのためには無手勝流ではだめで、やはり一定のルールを学び、方法を身につけなくてはいけない。そのための勉強に励もうではないか。その入口として、現在、いったい歴史学はどのような研究状況にあるのかを、押さえてみようではないか」と。

この小さな本では、現代の歴史学がどのような考え方のもとに研究されているのか、あらたな方法や史料の扱いがこころみられることによって、いかなる成果が生み出されてきたのか、ということを、一章ごとに読みきりの形で示そうとしている。もちろんそうはいっても、私の能力には限りがあるので、きわめて多様な形で発展してきた現代の歴史学を過不足なく総覧するような離れ業は、できようもない。したがって、フランス史を中心にヨーロッパ近代を問うてきた私自身の歩みのなかで、私が捉えた現代歴史学の興味深い到達点や、それを導いた考え方、今後の可能性や問題点について、私なりに呈示しようとするもの以外ではない。

私なりに、と強調するのは、責任の所在を明確にしておく、ということもあるが、現代における歴史学の考え方にもかかわっている。歴史の研究と、それが生み出す歴史像は、それぞれの時代が課してくる要請をうけて、また研究する個々人の関心のありかや見る角度に応じて、多様な姿をとるものである。おなじ山でも、訪ねる季節や見る角度で姿がまったく変わってくることがあるのと同様である。大人の目線と子供の目線とでも、見え方は異なって不思議はない。それでもその山はその山である。

唯一絶対の、誤謬もない普遍的な歴史像が存在する、などということはありえない。さまざまな歴史の叙述や教科書が、それぞれに歴史像を提示しているのであるが、ここでは、それらの歴史像が生み出される手続きや発想について考えてみたい。

できあいの歴史像を多く頭に詰めこむのではなく、みなさん自身がみずからの関心にもとづいて歴史について調べ、考察し、歴史像を生み出してゆく。そのためには、アンテナはひろく、大きく張って、さまざまなことがらに目を配ってみたい。私は、トンボの目玉をもってください、と学生たちにはいってきた。いわゆる複眼的思考、魚眼レンズの目配りである。そのうえで、関心をもった問題について、既存の先行研究に批判的に学び、みずから史料にあたって正確に、論理的に考えていきたいものである。勝手な思いつきでは歴史は語れないし、それでは、過去を生きた人たちにたいする冒瀆になるであろう。

この本は小さなものではあるが、そのための第一歩となれるように願ってまとめたものである。本書にも、じつは歴史がある。由来を少し説明しておきたい。

私は一九九七年から放送大学の「歴史学の現在」という科目を担当するよう誘われ、その授業のために同名の印刷教材、はやい話が教科書を作成する機会をえた。モデルにできるような本もなかったので、いささか我流で、考えるところをまとめたのであったが、あとで見直すと、もっと整理できるところにも気づく。たまたま、この「歴史学の現在」という授業は好評であったらしく、四年間で使いまわして閉講する放送大学のテレビ講義であるが、そのあとも四年間の新ヴァージョンを担当してほしい、とのお誘いを受けた。そこで教科書も、改訂新版と銘打った『歴史学の現在』を、旧版をかなり書き直す形でまとめた。

こうした地味な二冊の本を、当時の岩波書店編集部の佐藤司さんが、このまま埋もれてしまってはもったいないといってくださり、それが本書の形となるきっかけになった。そのかん、学習院大学の史学科新入生を対象にした「基礎演習」にくわえて、「史学概論」というむずかしい名前の講義を担当することになり、いかに分かりやすく話すかということで、放送大学用に書いた『歴史学の現在』を下敷きに使いながら試行錯誤してみた。受講してくれた学生さんたちの教室における反応や感想文は、私にとってはたいへん参考になった。

こうした経緯をたどって二〇〇六年に初版が刊行された本書は、『歴史学の現在』全一五章を基本にして、全体で一二章だてにする形で大幅に組み替えて成立した。組み替えるにあたって全面的に改稿したところも少なくなかったので、この初版は『歴史学の現在』とは別のものとお考えいただいてもよい。ただし、論点の根本は変わっていない。歴史の研究にとって、研究対象とする時代も社会も問題の違いも超えた共通の方法論がありうるのか、これは大問題である。研究の土台となる史料ひとつとっても、その状況はそれぞれに大いに異なっている。しかし、基本的な考え方、どのような角度から対象を見てゆくのかという視角の設定の仕方、あるいは、学問諸分野の全体的な配置のなかで歴史叙述の位置をどう考えるかなどについては、対象とする時代や社会や問題の違いを超えた一定の共通性を押さえておくことができるのではないか。そう私は考えている。

幸いにして初版は、さまざまな大学等で教科書や課題図書として使っていただいたようで、二〇一七年までに一四刷を重ねることができた。しかし年月の経過から気になるところもあり、このたび全体に目を通して加筆するとともに、以前はうまく組み込めなかった論点のうち、「宗教」と「ジェンダー」にかかわる章を補う形で、新版を刊行させていただくことにした。それには、岩波書店編集部の杉田守康さんにあらたにお世話になった。

このたびの今一度のヴァージョンアップで、これから本格的に歴史を学び研究しようとする方たちにとって、内容的にも分かりやすく歴史学の現状を知り考えるきっかけが、よりよい形で提供できていることを著者として祈るばかりである。

二〇一九年、寒風の吹きわたる晴天の正月に

福井憲彦

目　次

1 歴史への問い／歴史からの問い

一　社会史という問いのスタイル

社会史ブーム

二〇世紀の最後の二、三〇年ほどのあいだに、歴史学の世界、あるいはまた歴史書の出版の世界では、人間社会にかかわる多様なテーマを対象として取り上げる社会史のブーム、といわれるような現象が起こった。これは日本に限ったことではなく、欧米では日本にさきんじて起こっていた動きであった。その具体的な様相や展開には、国によってさまざまな違いがあるのはもちろんであるが、全体として、つぎのようにいえるであろう。

その展開のはじめには、研究対象が、日常生活の多様な側面を含めて社会のさまざまなことがらに及んでいって、ときには「歴史学の炸裂」といわれるような様相を呈したこと。しかし、そのような研究対象の拡散を特徴とした第一局面を経て、現在では歴史の新しい研究対象や方法だけでなく、歴史認識の可能性についてまでを含んだ、理論的な諸問題が吟味される第二局面へと移り、その先端では「社会史」という括り方自体が反省的に再検討されるようになった、という状況である。

ブームのはじめのころには、現象として見られた歴史研究の細分化を非難して、枝葉末節ばかりにこだわって天下国家を見失っているといった、みずから「社会史」の内容を矮小化したうえで批判した気になるという、きわめて不毛な対応も一部には生じたりした。しかしそれも、幸いにしていまでは過去のものとなった。

いま必要なのは、二〇世紀末に広く生じた「社会史ブーム」に代表されるような、このかんの歴史学の展開にどのような積極的な可能性があるのか、またどのような問題があらたに持ち上がっているのか、ということを、しっかりと正確に捉える態度であろう。

「アナール学派」の果たした役割

このかんの歴史学におけるあらたな動きは、さまざまな背景ときっかけとをもって展開したものだから、なにか単一の起動力にこれを帰することはできない。欧米のそれぞれの学界で、それぞれの国の学問状況や政治文化のあり方に応じた個性をもって展開した。しかし、なかでも大きな衝撃力をもって持続的に変化を促す役割を果たしたのが、フランスの歴史学界に起こった「アナール学派」であった。

その名前の由来は、一九二九年に創刊された研究雑誌『経済・社会史年報』の「年報(アナール)」という名称にある。この雑誌を中心とした研究の動きは、はじめ、当時の歴史学の研究現状を批判する、少数派の運動として起こされた。それは、じつは「学派」というほどの厳密な学問的枠組みを形成したのではなかった。むしろ、既存の学問的な枠組みの再検討を絶えず要請し、歴史学を中心として、隣接するさまざまな学問どうしの密接な協力を積極的に推進した点で、最終的にはたいへん大きな影響力を、二〇世紀後半の世界の歴史学に及ぼしていったのである。

この雑誌の創刊者の一人であったフランス近世史家リュシアン・フェーヴル（一八七八〜一九五六）がつぎのようにいっていたことは、いまではかなりよく知られるところとなっているだろう。

「マルク・ブロックと私は、とりわけ「社会」が、時代とともにさまざまな意味に使われたためしまいにはほとんど何も意味しなくなってしまった、あの形容詞の一つであることを知っていました。実は、それを承知のうえで「社会」を選んだのです。（中略）つまり「社会」のような曖昧な言葉は、我々の雑誌の名称として、まさに歴史の神様の名指しの命令によって創造されたのだろう。我々の雑誌は垣を取っ払って、あらゆる意味でのその自由な批判とイニシアティヴの精神を、近所の庭に自由かつ広範に、そして無遠慮に行き渡らせようと目指しているのだから」（フェーヴル『歴史のための闘い』長谷川輝夫訳より）

社会史の主張と時代の文脈

いささか人を食ったような言い回しだが、要するにフェーヴルたちが「社会史」という表現で主張しようとしたのは、さしあたりつぎの三点であった。

第一は、歴史学の研究対象を特定の分野に限定するのではなく、フェーヴル流にいえば「過去の人びとを、彼らが次々と地上に作り上げたきわめて多様だが比較可能な諸社会の枠のなかに時間的に位置づけたうえで、彼らのさまざまな活動と創造を対象に」研究しようというのである。当然ながら、問題関心について、これは歴史学の範囲ではないといったタブーは消滅し、対象は膨大になる。

第二には、垣根を取り払って近所の庭に入るというたとえでいわれているように、隣接するさまざまな学問領域との協力関係を積極的に築いていこう、という主張である。いわゆる学際研究や超領域研究にあたるが、きわめて早いころからそれを主張したフェーヴルたちの鋭い眼力には頭が下がる。

そして第三に、個別の研究をつねに社会全体の歴史的な脈絡のなかに位置づけて捉え、絶えずつぎの問いへ向かって開かれた姿勢を取りつづける、という認識態度の主張であった。

こうしたフェーヴルたちの主張は、一九世紀から一九二〇年代までの、国家政治史を中心にしていたフランス歴史学界という背景を抜きにしては、十分には理解しがたいであろう。現在では、歴史を考える場合のこのような心構えにも似た前提的な態度は、大方の歴史家によって共有されているといってよい。しかし彼らが知的な運動を起こしていったのが、いまから九〇年も前のことで、しかも、第一次世界大戦後のヨーロッパの危機意識を反映したものであったことは、見逃してはならない。

社会史という主張は、それぞれあるメッセージをもって登場したのであるが、その意味するところは、それが語られる国や時代によって、また人によっても、微妙な差異を伴うものであった。そもそも歴史学自体が、時代の子であるといわれるのだが、社会史もまたそのようにいわれるにふさわしいほど、その主張や具体的な作品の内容は、時代性が刻印されているとみてよい。

二　個別研究と全体的連関

日常性から歴史を捉える

日本の第二次世界大戦後の歴史学は「戦後歴史学」と呼ばれているが、そのあり方は、フェーヴルたちが『アナール』誌を創刊した時代のフランスとはだいぶ異なっていた。日本にいかにして近代的な市民社会を形成できるか、という問題意識を強くいだいた戦後歴史学は、政治史ではなしに社会経済史を、なによりその研究の柱として選択したのであった。

ならば、フェーヴルたちの主張と内容的に重なるものだったのかといえば、そうではなかった。そこで中心を占めていたのは、遅れた段階にあると見なされた日本の近代化を果たすためにも、欧米諸国それぞれの国民経済の型を本質的に解明して、日本のそれと照らし合わせ、歴史段階上の日本の位置をはっきりさせようとする関心であった。そこでは、経済生産をめぐる仕組みを中心にした、国民経済論としての社会経済史が、圧倒的に有力な位置を占めた。

こうした関心のなかでは、歴史段階上の位置を問おうとする本質論的な規定が第一の課題とされ、各時代の社会で人びとが具体的にどのような生存条件を持ち、なにを考えて、なにを思い、他者とのあいだにどのような相互関係を築いて生きていたのか、といった問いは、まず立てられなかった。しかし、いろいろな例が想起できるだろうが、たとえば日常においてどのような食生活が営まれ、どのような人間関係があったのかを知らずして、食糧暴動や農民一揆などが正確に理解できるものであろうか。

社会の現実のなかで、人びとがさまざまな考えや利害、あるいは慣習などにもとづいて行動し、その結果実際に生起している動きに、まず焦点を合わせて検討するところから、社会史は出発しようとした。本質論的な国民経済の型にはめ込んで、人びとの行動を遅れているとか、近代的な要素がどれほどあるかといった具合に規定しようとするのではなく、逆に社会における現実の展開のなかから人びとの行動を理解し、ある時代と社会にかんする歴史像を描いてみよう、というのである。

こうした「下からの歴史」ともいわれた観点に立てば、社会の現実における多様な領域のことがらが、研究のテーマとして浮上してくることになるのは必然であった。

全体的な脈絡を読み取る

歴史像は、なにか歴史について問題を問おうとする人がいて、はじめて描かれて姿をとるものである。自動的に過去の歴史像が存在するわけではない。各人が、現在の関心に沿った問題化をして、ある対象についての歴史を研究する。したがって入口は、まことに多様でありうる。

では、各自がそれぞれの関心事から入ってゆくとすると、歴史の理解はバラバラにならざるをえないのだろうか。たしかに理論上は、その可能性は否定できない。バラバラにならないために課題となるのは、個別の問題対象を扱うにしても、その問題が全体的な歴史的脈絡のなかでどのような位置にあるものとして理解できるのかを、つねに問うという姿勢である。

われわれが歴史的な過去へと接近できるのは、現実には個別の問題からでしかない。それは、個人の能力的な限界とか時間的制約というよりも、そもそも過去を丸ごと全体として復元するのは、不可能だからである。しかし個別の問題が、全体的な歴史の脈絡との関係でどう理解できるのか、と問いを立てるか否かは、その問題の理解の幅を大きく変えるであろう。

さきほど食について触れたので、食の問題を例にしよう。ある時代のある社会において、どのような食糧事情があったのか。これは、いったいなにを食べていたのか、という素朴な疑問でもありうる。しかし、階層や男女によって食の作法や食べるものに違いがあったとすれば、そのような違いが維持されていた経済的、あるいは政治的な仕組みが問われるだろうし、あるいは文化的、宗教的な理由が問われるかもしれない。また、ある時期からあらたな食糧が普及していったとしたら、それはどのような交易の発展によるものなのか。あるいはその普及によって、社会生活のリズムや感覚はどのような変化をこうむったのか。そのように問いを広げてゆくこともできる。たとえばヨーロッパ史にとっての香辛料や砂糖、イギリス史にとっての茶などが、その格好の事例として想起できるであろう。イギリスにとって中国からの茶葉の輸入の歴史は、ついにはアヘン戦争にまでいたる植民地政治と深く関係していたのであった。

したがって問題となるのは、個々の問いの追究をただそれだけで満足してしまうのか、それとも他の諸問題との連関のあり方、すなわち全体的な問題構成を自分なりにしっかり立てることができるのか、という点である。

三　歴史と現在

歴史像は過去の実態ではない

歴史は過去についての問いである。では現在とは関係がないのか、といえば、そんなことはない。歴史と現在とは認識上は行ったり来たりの、いわば往還の関係にあるといってよい。

歴史への興味とは、昔はいったいどうだったのだろう、という好奇心を満たすためだけのものなのであろうか。歴史が好きだ、好奇心がある、不思議大発見だ、といった興味が悪いわけはない。知らないことを知りたい、という知的欲望は、人が生きるうえで基本的なものとも思う。たいせつな出発点というべきであろう。しかし当然ながら、過去への問いかけは、現在を生きるわれわれ一人ひとりの存在を抜きにしてはありえない。そして実態としての過去そのものを、全体的に捉え返すことなど、神ならぬ人間にはとても不可能である。

私たちが生きている現在でも、ちょっと過ぎれば時間的には過去となる。では、少し前の自分の経験がどういう状態であったのだろうか、という場面を、記憶や資料をもとに正確に再現することはできるであろうか。全体について漏れなくすることは、どうあがいてもできない。できるのは、ごく限られた側面についてのみである。写真で固定すればできるであろうか、といえば、そうはいえない。被写体を操作することがなくても、アングルによって、あるいは技術的な限界で、写真は実態のごく一面を切り取ったものでしかないからである。ヴィデオなどの動く画面でも同様である。まして、現在からすれば直接的な経験の範囲を超える、文献史料にせよ非文献資料にせよ限られた数しか手にできない過去については、そのわずかな断面をわれわれは捉える以外にない。過去を生きた人たちの喜びや楽しみにしても、苦労や苦しみにしても、正確にはわれわれはそのごく一面しか推察できないのだ、という限界についての謙虚な自戒が、歴史を問うにはまず必要だと私は考えている。

そのうえで、現在を生きている人間が、ある問題について関心をもって問いかけるとき、はじめて歴史像を描く道への出発点ができる。史資料については次章で扱うが、そうやって問いかけがあってはじめて、なにを史資料として利用できるであろうか、というつぎのステップの問いへと続いてゆく。あるいは過去からの遺物に接して興味をそそられ、そこから歴史への扉が開かれる、という場合もあるかもしれない。いずれにしても、そうした問いがあって、ある文字表象や物体が史料ないし資料としての価値を帯びるのである。

そうした手続きを踏むことによって、われわれは、歴史像の構築へと歩みだす。描かれる歴史像は、過去の実態そのものではない。タイムマシーンは残念ながらないのであるから、そこには、歴史を問う者によって再構築された過去の一面についての像があるのみである。そこにあるのは、現在を生きる者によってなされた解釈の結果としての歴史像である。したがって、歴史像の再解釈ということは、つねにありうることといわなければならない。

しかし、だからといって価値が下がるというわけではない。歴史的過去に限らず、われわれは生きるなかで、不断にそのような認識手続きを踏んで自分の位置を測定しているのである。歴史を研究する場合、多くは時間的なスパンが遠くまで及んでいる、というだけの話である。そして学問としての歴史学には、勝手に思いつくままに再構築を僭称してよいという規定はない。自分たちがおこなっている学問の作法を、たえず再検証する姿勢こそが、規定されていなければならない。

一定の史料から、多くの人にとって納得できる歴史的事実を認定してゆくことは、史料状況によって不可能ではないが、すべての事象について、それが可能である保証もない。事実を認定するための史料の読みからして、つねに解釈がつきまとうこともたしかである。しかし、裁判における証拠調べと同様であるが、誰もが納得できるような事実の認定という作業はありうるのである。そのような事実認定の作業と、その認定された諸事実のうえに立った全体的な解釈という作業とは、基本的に別の認識作業にあるものと考えることができる。私がここでいっている歴史像とは、これらの二重の作業を繰り返し多様にクロスさせながら生み出されてくるものと理解できるであろう。

現在の自明性を問い直す

たしかに歴史学は、過去の人たちが生きた軌跡を対象としている。しかしその歴史を調べ、考える思考の現実においては、まさにその問う人がどのように現在を捉え、現実を考え生きているかが、かかわっている。

もちろん、過去の世界を理解しようとするのに、現在の常識を持ち込めば、時代錯誤におちいる可能性が大きい。それはできる限り、避けなければならない。しかしここでも、まったくの先入観なしに、まったくの白紙の状態で過去の世界について眺めることができるのか、といえば、それも困難といわなければならない。過去のある側面について、それを問題として問おうとすることそのものに、すでに現在の判断がかかわっている。できるのは、自分の理解や判断が時代錯誤を犯してはいないか、現在の常識で過去を見てしまってはいないであろうか、という、たえざる検証の姿勢であろう。過去の世界を生きた人びとの思考や感性の体系、行動の仕方は、現在とは大いに異なる可能性があるものとして、理解しようとしなければならない。ひらたくいえば、かんたんに分かったつもりになってはいけない。

多くの場合、歴史的な過去のことがらを問うなかで、意識的無意識的を問わずわれわれは、自分自身と現在を問い直している。それは、歴史を現在に都合がよいように解釈し、手軽な処方箋を手にしようというのとは違う。逆に、歴史をただ過去のこととして固定化してしまい、現在を正当化するのとも異なる。今われわれが生きている世界の歴史性を捉えようとしている、ということである。

二〇世紀末から現在の世界は、さまざまな点で大転換といいうるような世界史的曲がり角にある、と私は考えているが、この大きな変化には、しかしその底流に歴史の襞《ひだ》のような折り重なり、あるいは地層のような重なり合った食い込みが、随所で現在の歴史性を構成するものとして認められる。歴史における大転換や断絶といっても、全取り替えや白紙還元は、現実にはありえない。たとえば、およそ直接的な身体感覚が鈍化してしまっているわれわれの生き方や感性のなかにも、あえて誤解を恐れずにいえば、古代的なものすら生きているといえるかもしれないのである。

現在の歴史性を明らかにしようとすることは、表現を換えれば、現在の自明性を問い直す、ということでもある。たとえば、現代の日本社会で生きているわれわれには、あたりまえと見なしてあえて問うことなしにすませていることは多い。通常の生活を送るにあたって、いちいちこの行動の根拠はなんであるか、などと問うものはいない。しかし、ごくあたりまえと思っている状態は、はたして現在の世界各地でも通用するのであろうか、歴史的な過去においても通用したのであろうか、と問い直してみるのは無駄ではない。いったいいつから、あたりまえと見なされるようになったのか、と問うのでもよい。

例はいくらでもあるであろう。学校のあり方、家庭での人間関係、電気や水道など現代生活には不可欠の条件、こうした身近なところのあり方から、政治や組織経営などにいたるまで、現在あたりまえのように見なしているものごとが、いったいいつからそうなのであろうか、ということを、いろいろ考えてほしい。過去を問うことは、じつはその根において、現在を問うことにつながっているのである。

2　証拠としての史料・資料

一　立論の根拠を示す多様な史資料

問いの変化と史資料の多様化

史料と資料、同じ発音の違った単語であるが、ここでいう史料とは、一般に文字で記された情報源、文献史料ないし文書史料のことをさしている。あるいは、文書とはいえない断片的な文字表現を考慮すれば、文字資料といった方がよいかもしれない。それにたいして資料とは、もっとひろい概念として、文字ではない物体や景観のようなものまで包含する。非文献資料、非文字資料を含む。詳しくは、図表(図2-1)で確認してほしいが、この史料と資料を合わせて、このあとは史資料と表現しよう。

いずれも歴史を研究し考えるための材料なのであるから、史料という表現でよい、という考えもある。じつは史料論と、史料を整理・管理して研究のために供する史料管理論、あるいはアーカイブズ学は、今後大いに発展しなければならない分野をなしている。

第1章で見たように、問いの対象も性格も多様化してくると、手がかりとしての史資料もまた、多様化せざるをえないようになる。たとえば国家政治史や国民経済史における史資料と、庶民の日常生活の仕組みを問うような歴史研究のための史資料とでは、大きく異なってくるのは当然である。

実際の社会的な場にかかわる問いを立てた場合、史資料は、公的な政治にかんする文書とは違って、まとまった形では残されていないことが一般的である。したがって、分散的な史資料を多様に検索せざるをえないであろう。それまでは見向きもされなかったような教会や寺院の簿冊《ぼさつ》であるとか、無名の人びとが残した記録類が、大量に活用されることによって、貴重な情報源となる場合もある。また文書類だけでなく、生活用品とか道具とか、あるいはいたずら書きまで含めた図像資料など非文献資料も、問題によっては貴重な情報源である。

おなじような分野の問題を調べる場合でも、観点や取り上げ方によって史資料の工夫も変化してくる。たとえば政治的な制度の制定や政策の決定を扱うにしても、法令集や議会文書がもっぱら中心になることもあれば、政治家の日記や書簡、メモなどがむしろ重視されなければならない場合もあるだろう。ある制度や政策が、具体的な適用の場で実際にどのように機能していたのか、ということになれば、もはや法令集や議会文書はほとんど意味をなさない。制度の変遷を編年的に確認するという作業は必要なのであるが、気をつけなければいけないのは、制度は実態ではないという、ごく当然な認識を忘れないようにすることである。つねに複層的な目をもって歴史を考えなければならないのであって、それに照応して史資料の検索も、また複層的な展開が求められるのである。

立論の根拠の提示

研究上のタブーが消滅し、問いが多様化したといっても、その問いに対応した手がかりがまったくなければ、歴史的過去にむかって切り込みようもない。歴史の姿を描くことは断念せざるをえなくなる。歴史の研究にとって史資料とは、まずもってその手がかりである。

歴史叙述と文学作品の関係については以前から論じられてきているし、歴史文学とか歴史小説という分野もある。たしかにすぐれた文学作品は、読み手であるわれわれを臨場感たっぷりに過去の世界に誘《いざな》ってくれる。しかし注意したい。歴史学と文学の根本的な違いは、叙述の性質というだけでなく、つぎのように史資料との関係にもかかわっている。

すなわち文学においては、たとえそれが歴史に素材をとった作品であろうとも、史資料には登場しない、つまり実在の確認されない人物や出来事を、作者が考え出して挿入することは、作者の自由に任されている。下手をすれば時代錯誤な記述にもなるが、うまくすれば意図的に虚構を挿入することによって、かえって時代的な雰囲気がかもし出せたりする。すぐれた歴史文学では、一種の狂言回しのような人物が巧みに挿入されたり、実在しない史料があたかも存在するかのように引用されて、読者の臨場感や現実感覚が高められることも珍しくない。もちろん文学の場合には、それでよいのである。辻邦生《つじくにお》さんの作品や、司馬《しば》遼太郎《りょうたろう》さんの作品を私は想い浮かべている。

しかし歴史学の場合には、それは許されない。架空の存在を挿入してはならないし、存在の確証がとれないものは、推定であることが明示されなければならない。つまり、みずからの叙述、自分の議論を成り立たせている史資料が、虚構ではなく実在しなければならないし、それを示すことができなければならない。もちろん推論をする、推理してみるということはありうる。ありうるというよりも、情報源としての史資料にはつねに限界があり、しかもその扱いには解釈が不可欠につきまとう以上、推論できる力がなければ、歴史像を描くこともむずかしい。

要は、自分の議論の根拠を明示する、あるいは明示できるということである。専門論文といわれるものに多くの注がついているのは、この点にかかわっている。議論の説得性を高めるという問題でもあるが、それを示すことによって、別の人に検証の可能性があたえられるということでもある。史資料とは、手がかりであると同時に、証拠でもある。

それぞれの史資料について、いつどこで誰によって何のためにつくられ、残ったものかといった考証は、つねに必要である。それぞれの問いを解くのに、適した史資料であるのかといった価値にも、大小はある。しかし、はじめからあるものが史資料として認められない、ということはありえない。あるのは、あくまで問いの内容や性質との照応関係である。偽文書なども、なにゆえそうした偽文書が作成され、伝えられたのかという問いが可能である以上、場合によっては重要な手がかりでありうるのだから、最初から史料としての価値を否定されるものではない。

歴史になにを問うのか、その問いを解くためには史資料としてなにがふさわしいのか。問われるとすれば、この点における判断の良し悪しである。

二　非文献資料の可能性

史資料の性格分類

多様化してきた史資料を、その性格に応じて分類整理するのは、かんたんなようでいて案外むずかしい。ここ

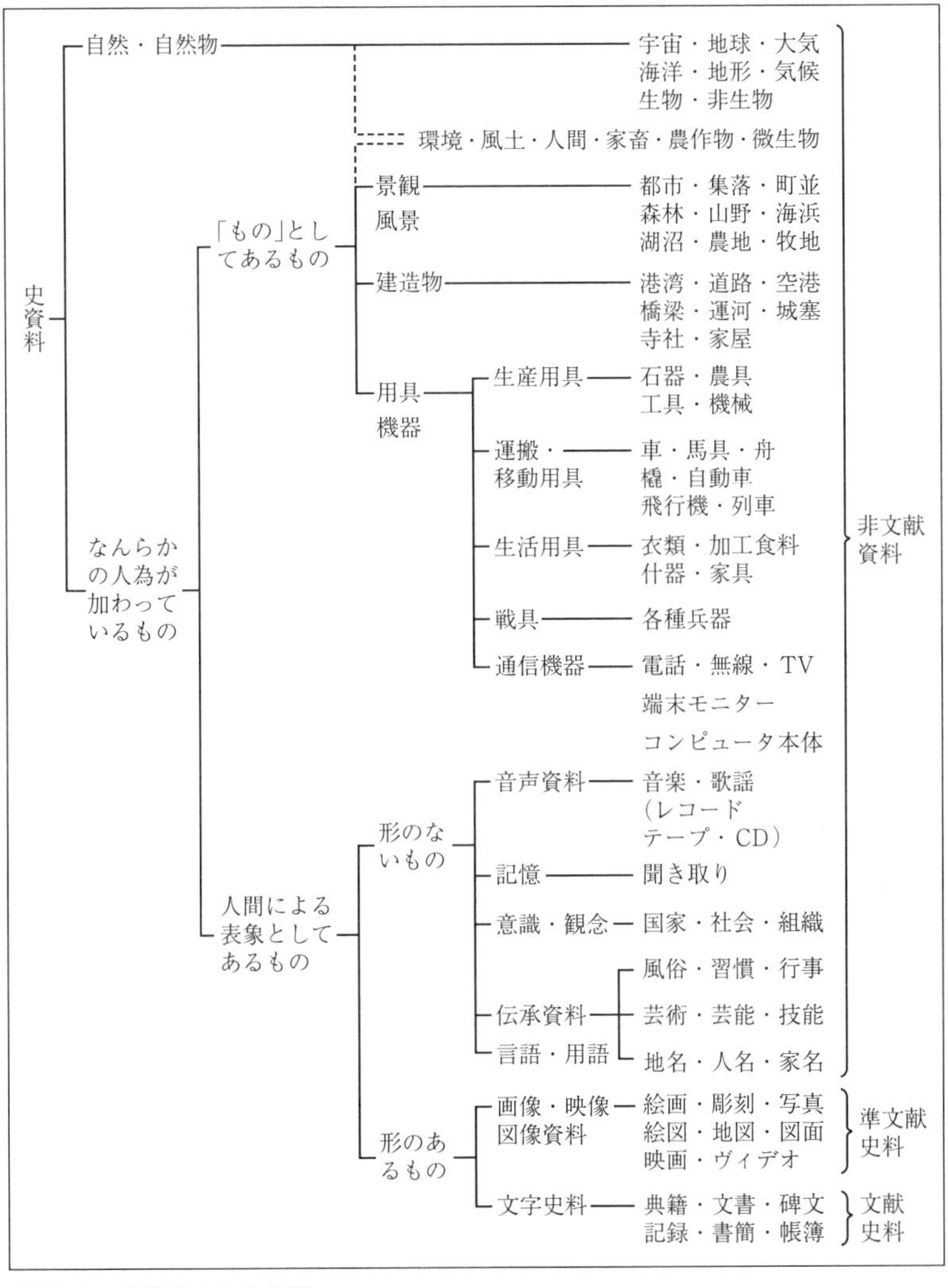

図 2-1　史資料の性格分類

この図表は，日本建築史が専門の玉井哲雄氏による作図に，私が旧版の『歴史学の現在』のために手を入れ，さらにその私の図に，モンゴル史が専門の杉山正明氏が手を入れて作図されたものに，再度私が手を加えて作ったものである．両氏にこの場を借りて謝意を表したい．

に掲げた図表(図2-1)はその一案であるが、みなさんも考えてみてほしい。

史資料は、まず大きく分けると、人間がなんらかの手を加えた結果として生み出され、残されてきたものと、そうではない自然にかかわるものとに、二分される。自然がなんで史資料にはいるのか、と、いぶかしく思われるかもしれない。しかし、歴史の舞台となった場所の地形や気候といった自然地理的な条件、生物としてのヒトを含めた動植物の生態学的な条件などは、歴史を考える場合の重要な一要素であり、また手がかりでもありうる。それらにかんする情報は、時代をさかのぼれば文献や地図や図像、あるいは建築に使用された木材などの残された物体を介してしか分からない。

人間が自然条件に働きかけた結果として残された景観ないし風景は、大きく二分した分類の双方が関与する境界的なもの、といえるだろう。たとえば、現在の景観として見られる田畑の区分などに、日本の場合であれば古代の条里制《じょうりせい》の遺構が明らかになるとか、ヨーロッパの場合であれば古代ローマ時代の土地区分の痕跡が判明することがある。あるいは特殊な土の盛り上がり方から、かつての墳墓や城塞の存在が判明することも、洋の東西を問わずあげられる事例である。

史資料の性格分類は、どこに基準を置くかによってさまざまに考えられる。もう一つの二分法は、文献史料と非文献資料とに区分する方式である。あるいは、文字資料と非文字資料と表現した方がよいかもしれない。長らく歴史学にあっては、「史」という文字(「し」はまた「ふみ」でもある)が示すように、史料とはなにより文献を意味するものであった。それは、歴史学における問いのあり方と関係していた。問いのあり方が変化してきたことによって、史資料も複雑に多様化してきたことが、図表からも想像できるであろう。

歴史への問いだけでなく、現在の技術進歩による変化の結果、文献と非文献という二分法でもすまなくなってきており、コンピュータをはじめとしたデジタル媒体などにかかわる新しい資料をどう位置づけるか、なかなかことは単純ではない。

ものが語る歴史

ものが語る歴史といっても、物語としての歴史ということではなく、実際に具体的な物体としてのものが、歴史を読み解く手がかりになる、ということである。

たとえば、都市内部の建造物や空間の配置、街路構造、あるいは都市の城壁のあり方などは、物理的空間としての「もの」である。しかしそれらは人工的につくられたものである以上、そこから歴史的な変遷を読み取ったり、あるいは支配者の政治的な意図、宗教観などにせまる手がかりになったりする可能性がある。たとえば古代ローマの植民都市は、直交する軸線を中心とした碁盤目状の街路構造を特徴としていたから、それが後世にどのように残っていったかは、のちの景観に示されていることが多い。あるいは長安など、中国の都城の例を想起してもよい。また、現存する歴史的な建造物や土木構築物が、それぞれの時代の技術を推定する重要な手がかりであることも、いうまでもない。

住居の構造がどうなっていたか、その間取りのあり方や、集合住宅における空間利用のあり方が、そこに住んでいた人びとの家族生活や対人感覚、あるいは社会的な付き合いの関係などにかかわる重要な手がかりであることは、やはり時代を問わず、洋の東西を問わず、共通している。一部屋ですべてをすませていた住居と、寝室が別になった住居、外部の人との接客の間《ま》があるかないか、廊下などによって個別の部屋の独立性が保たれているかどうか、こういった物理的な空間条件は、いずれも生活の仕組みや生活感覚、身体感覚を歴史的に問ううえで、重要な要素であり、手がかりである。

道具や生活用品についても、同様のことがいえる。それぞれの時代に、それぞれの社会が、あるいはそれぞれの社会層が、どのような道具や機器を利用できたのか。それは、人びとの活動の可能性や限界にかかわる重要な要素であり、手がかりである。現在のインターネットなどの通信条件があるかないかが、情報のやり取りに決定的ともいえる差をもたらしうることは、すぐに了解されるのではないか。家電製品なども同様である。

もの自体が、それらのものを生産する仕組みや技術に関係しており、それらの使用のために必要となる社会の仕組みにかかわっている。たとえば、地域の人びとが総出で定期的に補修しなければならない水利施設といったものの存在は、逆に地域の社会関係のあり方を探る手がかりになってくる。

もっと直接的に、農業生産と農機具、海上交易と船舶、工業化と機械、といった関係を考えれば、ものが歴史を問うための重要な手がかりであり、証拠としての資料でもありうることは、よく分かるであろう。

手工業だとか初期の工業化のなかで用いられていた機械類を、散逸させずに保存しようとする産業考古学、さらにそれらをもとの環境で作動させて伝承しようというエコ・ミュージアムの企画などは、いずれも、ものが歴史を語りうるのだ、という認識と結びついた動きといえる。

三　史資料の解読という手続き

図像資料の活用

景観にしても道具にしても、ただぼんやり眺めているだけでは、ひとりでになにかを語ってくれるわけではない。ほかの史資料とつき合わせながら、歴史的に読み取ってゆく作業が必要である。資料としての絵画や彫刻、絵巻物や地図などについても、ことは同様である。

とくに絵画の場合、抽象画を誰も現実描写とは思わないであろうが、描かれたものが写実性をもっていて、しかも具体的な姿を再現しているように見えるものであればあるほど、注意が必要となる。時代の雰囲気をいかにも見事に伝えている、と思われる絵画は、歴史的過去を想像するのにたいへん貴重なのであるが、うっかりすると、絵画が画家の手によって二次元空間に表象されたもの以上ではない、ということを忘れがちになる。ルネ・マグリットという現代画家がパイプを描いて、「これはパイプではない」という文章をそこにつけたのは、この点を画家なりについた表現行為であった。しかも絵のタイトルは「イメージの裏切り」である。

さらにそれぞれの時代や社会で、描き方の規範や作法が、描き手を拘束していたことは大いにありうる。そもそも、写実性が第一に目指されていたわけでは、かならずしもない。建物の内部での様子がうかがえるように、屋根や壁をはずした形で描くことも、洋の東西を問わず、決して珍しいことではなかった。一つの画面のなかに、さまざまな時点で起こったことが並列的に描かれることも普通だったし(異時同図の手法)、歴史的な過去を描いた絵の人物や建物が、描き手と同時代の服装や建物で描かれているということも、まったく普通だったのである。

あるいは都市図などの場合、往々にして名所図のように、強調したいものが大きく印象的に描かれ、そうでないものは省かれるということもあった。名所図とでも書いてあれば、誰しも注意を怠らないであろうが、そうでない場合には、やはり細心の注意が必要となる。図像資料の場合には、あくまで描き手や、描かせた注文主の意識や感覚が反映している。むしろ描き方、描かれ方が、その時代にかんする重要な資料ともなるのである。

図 2-2　源氏物語絵巻の「吹抜屋台の手法」(徳川美術館蔵)(千野香織・西和夫『フィクションとしての絵画』ぺりかん社，1997年，より引用)

日本の絵巻物など絵画では，建物内部のようすが分かるように，しばしば壁や屋根がはずされて描かれている(上図)．西和夫氏が仮に復元しているように，現実の家屋のままに屋根を描くと，縁先の一部しか見えないことになる(下図)．つまり現実を一部変えて描くことで，かえって物語の場面の臨場感を高めているのである．絵画を読み取る場合には，それぞれの社会がそれぞれの時代にもっていた描写の作法に細心の注意が必要だということを，千野・西両氏の共著は，たいへん分かりやすく教えてくれている．

では写真ならば現実か、といえば、これもさほど単純ではない。たとえば街路を撮った写真に人が写っていなかった場合、それをどう考えるか。初期の写真であれば、感光時間が長かったから、動く人物は消えてしまったのかもしれない。あるいは、普段はにぎわっているのに、写真家が人のいない瞬間を狙ったのかもしれない。もっと極端な場合には、操作して消すこともありうる。ここでも、やはり撮って記録する者の意図であるとか、あるいはカメラ・アングルやレンズの種類といった技術面の条件が、大いに関係しているのである。

多様化する文献史料

非文献資料の利用にさまざまな注意が必要であるのと同様、文献史料の活用にも前提となるいくつかの注意がある。まずその文献の性格をはっきりさせる、という必要がある。いつ、どこで、誰によって、なにを目的として、どのような書式とか手続きのもとに記されたのか。文献が生み出された脈絡が問われると同時に、どのような脈絡で残ったのか、残されたのか、についても考える必要がある。もちろんたまたま残ったということもあるだろうが、意図的に残されたり、消却されたりすることもある。文献史料がないということも、歴史を考える一つの手がかりでありうる。たとえば、ある種類の文書だけが残っていないとすれば、それは意図的に消却された可能性が出てくる。

文字が書き記される媒体、つまりどのようなものに記録されているのかにも、注意が必要である。石に刻んだ碑文の場合と、石板やロウ板、パピルス、羊皮紙、木簡や竹簡、そして紙にいたるまで、いや最近ではコンピュータのモニター画面やメモリー装置にいたるまで、媒体はさまざまで、それぞれの場合において文献を作成する作法は違ってくる。したがって、どのような媒体が通常であったのかによって、誰が書いたのか、誰が書けたのか、どうやって残せたのか、といった点がかなり方向づけられるのである。

また、文字が書き記された媒体の形状は、その利用のあり方にもかかわっていた。一枚ものの文書であるのか、巻物の形をしていたのか、それともページをめくる綴じものであるのか。書物の形となったのちでも、重くて動かせないような大判の書物と、持ち運びが容易な小型のものとでは、内容も利用法も異なって不思議はない。

グーテンベルク革命などといわれるように、活版印刷がもたらした文書作成の技術革新はたいへん大きく、とくに機械化が進む一九世紀以降ともなれば、紙の安価な量産とあいまって、作成される文書の量は飛躍的に拡大していった。しかし活版印刷以前はすべて手稿文書であったかといえば、そうではない。木版印刷の技術は、初期の活版をはるかにしのぐ能力を発揮していたのである。どのような技術があったのかも、文献がどのように作成可能であったのかを規定し、ひいてはその内容にもかかわるものであった。

文献史料をその内容から分類整理するのは、基準の立て方によって異なるから、なかなか単純ではない。公文書と私文書という分類が有効なこともあるが、それは「公と私」の区分がかなり明確につけられる社会についての話である。いずれの社会においても、現代的な意味における公私の区分が共有されていたわけではない。それに、公私の区分にこだわる現代にしても、じつはどちらともつかないような中間領域が、きわめて重要である場合は少なくないであろう。先述のように、文献の性格を、それが生み出された時代に則して明確にする必要があるのである。史資料の利用にタブーはないが、多様な史資料の探索とつき合わせが重要で、自分の立てた問題に、いかに適切な史資料を見出せるかが、研究の可能性を左右する。

しかも現在では多くの社会において、文書や数表、図版がコンピュータで作成され、デジタルデータとして保存されている。二〇世紀末には一般的であったフロッピーディスクという記憶装置は、より容量の大きい記憶媒体に取って代わられた。こうした技術変化に対応した史資料類の保存共有と伝承とが、今後ますます必要となる。

既存の史資料をデジタル化して共有することは、かなりの速度で進行しており、従来は史料館や図書館などに行かない限り参照できなかった史資料や絶版の書物も、どこからでもインターネットの画面を通じて、場合によってはテーマごとに分類集積された形で参照可能になるなど、研究条件は大きく変化しつつある。それらを有効に活用しない手はないが、他方で、それら史資料がもともとどのような媒体に、どのような状態で存在したのかという、史資料の物質的側面も、見失ってはならない。

3 歴史の舞台としての環境

一　自然環境への適応の工夫

環境諸条件とのやりとり

人間の社会が刻んできた歴史の展開は、空中楼閣のように宙に浮いていたわけではない。それぞれの社会が位置していた場所の、きわめて具体的な環境諸条件のなかで、それらの条件によって枠づけられ、また他方ではそれらの条件に働きかけて改変しながら、現実の姿をとってきたのが歴史である。

古生物学が明らかにしたところによると、アウストラロピテクス（猿人）が今をさかのぼること約四〇〇万年前のころ姿を現わしたのは、アフリカのサバンナ地帯であったという。二五〇万年前ころからはかんたんな石器を使い、狩猟採集生活を営んでいた彼らが、圧倒的な大自然があたえる条件のなかでさまざまな工夫をこらして生きていたことは、想像に難くない。

その猿人よりもはるかにさかのぼって、二本足で直立歩行し、大脳が発達しだした霊長類が登場したのも、アフリカの熱帯雨林からサバンナにかけての環境条件のなかでのことであった、と見なされている。このような展開は、数百万年という気が遠くなるような年月のなかで徐々に起こったものであるが、一年中気温が一定以上で寒さへの備えが不要であるとか、野生のままで実をつける草木が豊富にあるとか、猛獣もいるけれども狩りの対象になる草食性の動物もいるといった、環境条件に大きく規定されていた。

それ以来人類は、環境のなかにありながら、絶えずそれに積極的に干渉しつづけてきた。とりわけ、狩猟採集生活に加えて農耕という技術を手に入れたとき、環境への働きかけは根本的にその質を変えたといえる。それによって人類は、文化の発達をも手にできるようになった。文化、すなわちカルチャーとは、耕すことであり、人は土地を耕すと同時に精神を耕すようになってゆく。しかし農耕はまた、環境にたいしてきわめて積極的に働きかけ、その事前の生態系を変化させることでもある。微妙な均衡が崩れたときには、農耕が環境破壊につながることも生じたのである。

食糧生産の開始と展開

人の生存の可能性を枠づけている要素として、水と食糧がある。水がなければ、人は生命を維持できない。どのような食糧を手にすることができるか、栄養状態がどうであるのかは、それぞれの時代の社会生活や文化とも密接に関係している。

現在のイラクの北東部にあるザグロス山脈のふもとで、野生のムギの栽培が始まったのは紀元前七〇〇〇年紀とみられている。同時に、山羊や羊をはじめとした家畜飼育も発展していった。夏は乾燥してほとんど砂漠のようになるが、冬には適度の雨が降るこのステップ地帯では、もともと自生していた麦を栽培することだけは、当時の技術でも可能であった。人類はそれまでの狩猟採集から、移牧による家畜飼育と農業を組み合わせた生存基盤を確立し、定住生活に入っていった。麦作はまずメソポタミアの肥沃な三日月地帯へと普及し、さらに温帯冬雨型の気候をもつステップ地帯を伝うようにして広まった。やがて東はインダス流域にまで、西は地中海や黒海沿岸にまで及び、もともと小麦栽培には適した自然条件ではなかったヨーロッパにも、伝播するところとなる。

小麦と並んでもう一つの重要な食糧となる米の生産は、ユーラシア大陸の逆の端、現在の南中国から東南アジアにかけての照葉樹林帯に自生していた水草であるイネを栽培化する形で始まった。ここでは西アジアとは反対

図 3-1　バリ島の棚田遠望

図 3-2　バリ島の棚田を近くから見る（いずれも筆者撮影）
バリ島に限らず，南中国や日本の山間部でも棚田は，じつに見事な景観を見せてくれている．それらは，人間が自然環境とたゆみないやりとりを繰り返すなかで形づくられた，いうなれば歴史的成果のしるしであり，人工の自然の極致ともいえそうである．

に、冬に乾燥して夏に雨が降る。遅くとも紀元前五〇〇〇年ころまでには、長江下流域にいたる地域で水田稲作として定着したものとみられる。華北の肥沃な黄土平原で栽培化されたアワの畑作と、華南の稲作は好一対を成したといえるだろう。水田稲作は、西はインドのガンジス流域へ、東は縄文末期から弥生の日本へと伝わってゆく。

メソポタミアやナイル、あるいはインダス流域で古代文明が出現し、また中国でも古代文明が出現したのは、こうした麦や粟、稲の栽培にもとづいて、おそらくは強大な力をもった支配層のもとに都市が発展したことと、不可分であった。

二　人類の歴史と環境破壊

環境への働きかけと破壊

日本の里山と谷戸《やと》が構成する伝統的な農村風景は、豊かな水と緑の自然を感じさせてわれわれの心をなごませる。しかしこれらは、人びとが長年にわたって手塩にかけて作り上げた自然である。農耕は、一見すると自然との密着をイメージさせるものであり、それ自体は決して間違ってはいないが、環境破壊と危うい一線をもって区切られているものでもある。

たしかに、環境破壊性の強い農耕と弱い農耕とがあることは、環境学者の指摘するとおりである。一般に水田稲作は、気候条件さえ適合していれば連作可能なうえ地味《ちみ》も食わずにすむ。収穫率も高く、規模が抑制されていれば、きわめて豊かな生態系を維持できる。それにたいして麦の畑作は、土地の劣化を促しやすい環境収奪型の性格をもっているといわれる。そのゆえに、麦の栽培に自然条件が適合的でなかったヨーロッパでは、休耕畑を可能にする三圃制《さんぽせい》という方式が、中世以来一八世紀にいたるまで長らく採用されたのだった。しかし水田稲作にしても、それが機械化によって広大に単一的におこなわれたり、大量の農薬が使用されるようであれば、ただちに環境収奪型に変わってしまう。

森林開発や植林についても同様である。あたかも自然資源は無尽蔵であり、つねに自律的に再生可能であるかのような幻想のもとに、人類は開発の歴史を形成してきた。開発と破壊は工業化によって始まったわけではなく、農耕の開始とともに古いといってもよい。すでに紀元前はるか以前からメソポタミアやインダスの灌漑農法は、塩害を引き起こしたと見なされている。そうしてメソポタミアの古代都市国家のいくつかは滅び、インダス文明の滅亡にも塩害が一因として推定されている。

それでもなお人びとのあいだに広く存在しつづけていた自然への畏敬の念を払拭し、あたかも人間が自然環境を完全に制御できる道を進みつつあるかのような幻想をあたえたという点で、近代科学技術と工業化は、決定的に大きな問題を引き起こしてしまったといえるであろう。

ヨーロッパでの工業化の先行は、はやくから開発に伴う環境破壊についての認識を、少なくとも一部においては促した。燃料のための乱伐によって危機に瀕した森林は、植林による再森林化によって回復し、たとえばフランスの二〇世紀末の森林面積は、一八世紀末のほぼ二倍になっている。一九世紀末からは、さまざまな形での自然保護運動やナショナルトラスト運動も、ヨーロッパ各地で盛んになっていった。

しかしヨーロッパは、ヨーロッパ外での環境破壊にたいしては長らく無関心だったのであり、むしろ植民地支

図 3-3　パリ近郊アントニーの緑地公園

図 3-4　緑地公園で見学の散歩をする園児たち（いずれも筆者撮影）

ヨーロッパでは，パリのような大都会でも，20 分から 30 分も電車で出れば，多くの緑地公園や森林に出会う．緑地公園はもとより，それらの森林は，多くが 19 世紀以来手塩にかけて育まれてきたものである．ヨーロッパでは，山間部のうっそうとした森ですら，原生林というべきものはほとんどない．そこには，緑を育てた人間の歴史が刻まれている．

配のもとでのプランテーション経営や鉱山開発などは、当該地域をまったくの収奪と破壊のもとにおいて省みることがなかった。そして現在、植民地支配を脱した地域や国家が近代化を追求するさいに、効率や経済性が優先されるあまり、環境破壊への気遣いがきわめて脆弱なのも現実である。

環境問題のグローバル化

環境破壊の問題は、工業化によって生じたのではなく、それにはるかに先立っている。人間は文化を手にし、技術を開発して環境に働きかけ、物心両面での豊かさを求めて歴史を刻んできた。それによって人類が、さまざまな行動の可能性を広げてきたことは間違いない。

しかしそのような人間の活動は、他方で絶えず環境破壊の可能性をも内包していた。工業化以降の時代がそれまでと決定的に違っているのは、環境破壊が限定的な地理範囲を超えて、隣接地域や地球全体をも巻き込むものになってしまっている、という点である。しかも、自然自体の回復力では再生不可能なほどに破壊が進行している場合も少なくない。

たとえば酸性雨による森林破壊であるとか、海洋汚染の場合には、一地域内に収まることはまれである。あるいは、放射能汚染やオゾンホールによる生命体への悪影響ということになれば、文字通り地球全体を巻き込むものとなる。食糧にせよなんにせよ、あらゆるものが世界各地を行き交っている以上、ある地域に発生した病気が絶えず大疫病になる危険をはらんでいるのが、現代世界の現実である。

国民国家の線引きをして、国境線の内側の環境だけを防衛していればよい、というわけにはいかない。一人勝ちや一人だけの生き残りはない、と思わなければならない。グローバル化は環境問題についても進行しているのであって、地球規模での発想が求められているのである。

三　科学技術と文化技術

科学技術の進歩

現代に生きているわれわれは、技術というと、ともすると科学技術のみを頭に想い浮かべる傾向がある。現在われわれの日常生活にも不可欠な科学技術は、たしかに重要である。科学技術がもたらしてくれた恩恵は、じつに大きい。そもそも、科学技術発展の基礎を用意した電気技術なしの生活を、いまわれわれは想像するのもむずかしい。

しかし他方、環境への負荷を考慮しない物質的な豊かさや便利さの追求、そして経済的な効率性のみを重視するような経済至上主義の発想が、地球上に環境破壊というとてつもなく重大な宿題を残してしまったことは、すでに指摘したとおりである。

素晴らしく進歩したかに見える科学技術だが、このような現状からすれば、いままでのところ環境破壊を制御できないほど未熟なものでしかなかったともいえる。しかし、その環境破壊の問題を解決するにも、科学技術は重要である。これを無視して自然に帰れといっても、問題は解決しない。

この科学技術が進歩して、世界に大きな影響を及ぼすようになったのは、ほんとうのところ、一九世紀になってからにすぎない。いわゆる一七世紀の「科学革命」はどうなのだ、という声がすぐに聞こえてきそうである。たしかに一七世紀ころから、世界にかんする観察と理解の仕方は大きく変わりはじめた。地球が球体で、太陽の周りをまわっていることは常識になってゆく。力学的な考察も長足の進歩を遂げた。近代的な、数学的な合理性の思想が緒についたこともたしかであろう。しかし人びとは、科学者も含めて、物理的な問題と宗教的な問題とを、まだはっきりと区別していたわけではなかった。

一八世紀後半には明確になってくる生産における機械化への動きはどうなのか。イギリスを先頭にした、いわゆる産業革命の開始である。たしかに一八世紀から生産技術は、蒸気機関の実用化によって大きく変化しはじめた。これは間違いない。それまでの人力や畜力、あるいは水力や風力といった、自然力の利用ではなしに、機械的で他律的な動力による仕事が姿を現わした。しかし一八世紀の時点では、機械に動力をあたえる主力が圧倒的に水力であったことからも分かるように、依然として大勢に変化は生じていなかった。

これらが激変するのが一九世紀である。一九世紀を通して科学技術は実験室を出て、経済生産や社会生活の現場に適用され、それらを決定的に変化させていったからである。医学や電気関連の科学技術上の進歩が代表したように、二〇世紀に実現してゆく進歩の前提条件は、一九世紀末から二〇世紀のはじめにかけて、あらかた出そろうのである。

歴史的な文化技術

今後の世界にとっての、科学技術の重要性は否定できない。しかし人類は、きわめて初歩的な道具の発明以来このかた、環境世界とのやりとりにおいてさまざまな工夫をこらし、さまざまな知恵を働かせて、たとえば手仕事の道具などを作り、それらを受け継いで改良してきた。

そうした技術のなかには、それぞれ開発され伝承された場所に固有な、あるいはそれを受け継いだ職人たちに特別の、高い質を保持しているものが少なくない。たとえば木工や金属細工、陶芸など、職人的な伝統工芸の質の高さを、想い起こしていただきたい。科学技術以前から、いや科学技術が進歩したのちでも、各地それぞれに蓄積され、歴史的に伝承されてきた技術を、われわれは文化技術と呼んでいる。

古代に、現在のような運搬機械がなく、クレーンもないのに、いったいどうやって造ったのだろうか、と思わせる建造物や遺構が、各地にある。エジプトのピラミッドなど、かつての権力者の権勢をしのばせる宮殿や墓廟

図 3-5 バリ島の山村で，普通の民家の入口に置かれた魔除けの石像(上)
図 3-6 フランス中部の町オータンの大聖堂，柱頭に刻まれた石彫(下)(いずれも筆者撮影)
洋の東西を問わず，無名の彫刻職人たちが創造した石像や石彫は，素朴な味わいのうちに見事な手わざをしるすものである．熟練した職人たちによって受け継がれてきた文化技術の質は，さまざまな地域できわめて高い水準を示している．

が、その好例だろう。日本では仁徳《にんとく》天皇陵とか、もっとさかのぼって、巨大な柱が立っていたことを確認させる縄文遺跡などを、想起してもよい。さらに時代が下れば、巨大な城郭や神社仏閣などもそうである。権力者が建てさせた建造物の場合には、その意図が問題となるであろうが、権力の誇示か宗教的目的か、それともいまでいう公共土木事業かはともかく、いずれにしてもその事業の遂行にあたっての組織性と、発揮されている技術水準の高さには、驚嘆するほかない。

しかし、権力の保持者が造らせた記念碑的な建造物には関係なくとも、もっと日常的な生活のなかで発揮されてきた文化技術にも、きわめて質の高いものがある。たとえば経験の蓄積のなかで、温度の誤差なく火をおこして鉄を鍛えた鍛冶職人たちの技術に、誰が驚かないでいられようか。

技術は、科学技術に限定して考えられてはならない。むしろ現代の科学技術の先端においても、ほとんど熟練職人にしかできないような技術が駆使されている例にはこと欠かない事実を、もっとひろく認識すべきであろう。

文化技術は、人間の身体能力や自然力にもとづいた技術として、機械というハードな物体に依拠しないところから、ソフト・テクノロジーと呼ばれたこともあった。それは、環境保全の立場から、自然環境との調和という面を強調した表現である。しかしこの文化技術は、ときには環境にたいして大きな改変を迫るような関与をしたことも確かである。決して身の回りにかかわることに発揮されたのみではなかった。いずれにせよ歴史的には、どのような文化技術が各地に蓄積され、発揮されてきたのかを、正確に捉えてゆくという課題が、今後きわめて重要であるといえよう。

四　環境と人間の想像力

想像力の働き

環境は、人間の生存条件を物理的に規定してきただけでなく、その想像力にも大きな力を及ぼしてきた。たとえば砂漠や森が、そこに暮らす人びとにどのような生存条件をあたえていたのかを明らかにすることは重要だが、それだけでなく、彼らの感覚や想像力にどのような刺激をあたえていたのかは、その地域の歴史を考える場合に十分に考慮しなければならない点であろう。

想像力に働きかける現実があるということは、単純にエコロジカルな条件が歴史を決定しているわけではない、ということを意味している。たしかに、深い森におおわれていた地域では樹木信仰は現われやすいが、砂漠地帯では、樹木信仰のような信心が現われることはまずないとはいえそうである。その点では、エコロジカルな条件の決定力は認められる。じっさい樹木信仰や巨木信仰は、木々に精霊が宿っているとか御神木というような形式において、日本やアジア各地に指摘されているし、ヨーロッパやアフリカでも多様な形で、森や大木のある地域では指摘されている。こうした場合、各地の神話や民話に示されているように、しばしば森や樹木は聖性を帯びたものであると同時に、恐怖を呼び招くものでもある。すなわち想像力においては、場所に応じた色彩をもちながら両義的な意味づけがなされるのであって、環境は単純に一義的な影響力を及ぼすものとは捉えられないのである。

別の例として、砂漠の場合を取り上げてみよう。井筒俊彦『イスラーム文化——その根柢にあるもの』は、イスラームという宗教とその文化について、つぎのように説明している。

イスラームは、メッカとメディナという「アラビア砂漠のまっただなかにあって、砂漠的風土に取り巻かれたオアシス」都市から誕生した。しかしそれは「砂漠の遊牧民の世界観や、存在感覚の所産ではなくて、商売人の宗教——商業取引における契約の重要性をはっきり意識して、何よりも相互の信義、誠、絶対に嘘をつかない、約束したことは必ずこれを守って履行するということを、何にもまして重んじる商人の道義を反映した宗教」であった。そして、慣習にもとづいた比較的シンプルな生活を繰り返している砂漠の遊牧民ベドウィンとは違って、「都市の複雑な人間関係のなかで刻々に変化する生活の状況に敏感に適応し、人生の敗残者とならないために、たえず思考力を働かせていかなければならなかった、活発で、現実的な商人のメンタリティーを反映する宗教」であった、というのである。砂漠という環境にあっても、その生活との関係、想像力の働かせ方は、一様ではない。イスラームの誕生には、砂漠のなかのオアシス都市、そこを拠点とする商人たちの世界観が関係していたというわけである。

自然への畏敬の念

都市もまた、水や食糧の確保など、自然環境を含むさまざまな場所の条件とのやりとりのなかで構築された。このきわめて人工的な構築物としての都市の様相を見てみると、それぞれの場所の多様性に応じて、じつにいろいろに想像力が駆使されてきたことがよく分かる。斜面に張り付いたような町、水辺で水路を巧みに活用した町、穴倉のような住居、湿気を避けるための高床式の住まい、逆に乾燥した暑い場所での中庭式住居、など、あげて

図 3-7　泉水への信心(Alexandre Bouët et Olivier Perrin, *Breiz-izel ou Vie des Bretons de l'Armorique*, 1844, より引用)
この版画は，18 世紀末から 19 世紀はじめのフランス，ブルターニュ地方のようすを描いている．泉水への信心は，ヨーロッパでも各地で認められる古い習俗である．右後方の教会や左後方の聖人像が示しているように，キリスト教会は民衆への布教を進めるにあたって，しばしば以前から存在していた泉水信心に，キリスト教的な意味を付与していったのであった．水は，人の生存に不可欠の，生活に密着したものであっただけに，その効果は大きかったと思われる．

いけばきりがない。

歴史的な都市や住居の構築には、自然条件からの制約や、限界のあった物質的条件のゆえにこそ、いっそうそれぞれの場所に適合した想像力が駆使されていたといえる。自然の力は圧倒的に強いという、自然力にたいする畏怖の感覚は、農村に限らず都市を含めて、歴史的にはひろく社会に共有されていたものであった。人為をはるかにしのぐ自然の力、さらにその自然力の先に超自然的な力の介在を想像する宗教的な感性は、世界各地の社会に、とりわけその基層文化において認められるところのものである。

日本の町や村に見られる「聖なる空間」としての鎮守の森は、そのような一例である。天候異変や自然災害は、つねに恐ろしいものとして実感されていただけに、災いの力を鎮め自分たちの社会を守ってもらいたい、という祈りは切実であった。

日本やアジアでは、自然と人間とを、宇宙を構成する一体的なものと捉える見方が主流であったのにたいして、ヨーロッパでは、自然と人間とを二項対立的に捉え、自然は、制御して人間社会に従わせるべきものと見なされた、という、アジアとヨーロッパを二項対立的に論じる向きもある。しかし、ことはそれほど単純ではない。自然への畏怖、畏敬の感覚は、洋の東西を問わず、少なくとも基層文化においてはいずれも共有されていたといってよい。また、ミクロコスモス(小宇宙)としての身体を持った人間と、それを取り巻いている自然と天空のマクロコスモス(大宇宙)との相関関係という捉え方は、ヨーロッパにおいても長らく知識世界を支配していたものであった。この点については、第7章でいま一度ふれることにする。

しかし、ヨーロッパ近代が生み出した科学技術と工業化の威力が、限界を超えた環境の利用と破壊とをもたらしてしまったことも確かである。違った角度から見れば、そうした過度の利用と破壊を制御できなかった科学技術や近代合理思想の未成熟ともいえる。人間社会と多様な環境との相互作用、その両者の働きかけの結果を、肯定的な面と否定的な面との双方において歴史的に検証する作業は、二一世紀の世界をどう作ってゆくのかを考えるためにも、重要な課題である。

4 時間の認識と時代区分

一　時計のある社会・ない社会

自然のリズムと円環的な時間

現在われわれは、時間といえばまず時計を連想するのではなかろうか。それが腕時計であろうと、携帯電話などに内蔵されている時計であろうと、基本的には刻一刻と量として測定される時間を、発想の基本にしている。しかし現在でも、あらゆる社会に時計があるわけではないし、歴史的な過去の世界では、機械仕掛けの時計がない時代の方が圧倒的に長い。

そのような機械仕掛けの時計がなかった社会では、一般的には日の出、日の入り、南中といった太陽の動きや、月の満ち欠けに合わせて、時のはかどりを認識していたとみられる。あるいは、温帯に住んでいるわれわれに親しいような四季の移ろいであるとか、熱帯などでは雨季と乾季の周期的な反復が、時の経過を意識させていたであろう。

こうした自然の円環的なリズムと不可分の形で、日々の暮らしのなかでの時間は感覚されていた。というよりも、生活の営み自体が、自然の円環的なリズムに則して組み立てられていた。農業はもちろんのこと、牧畜や林業、漁業にしても、ながらく基本であったのは、自然と密着した環境とのやりとりであったから、世界各地の文化的な特質の違いを超えて、基層文化においては円環的な時間の感覚が共通していたのである。

では、機械仕掛けの時計がない社会では、時間の捉え方は単純なものだったのだろうかといえば、そんなことはない。世界各地にある歴史的な暦が示しているように、このような円環的な時間の感覚は、自然における生死の反復との照応や、天空の動きと生命活動との呼応といった、しばしば呪術的とか魔術的とかいわれるような、人間と世界の捉え方とも密接に関係していた。日本の八百万《やおよろず》の神々の世界を想起してもらえば、分かりやすいであろう。

一神教であるキリスト教がひろく布教されたヨーロッパ世界でも、伝統的な性格を持った農村においては一九世紀にいたるまで、いや場所によっては二〇世紀になっても、このような呪術的な信心を含みもったキリスト教の信仰が指摘できるのである。

時計の出現とそれによる変化

自然のリズムに照応しながらも、一定の量として時間を測定しようとする欲望は、かなり古くから世界各地で認められる。日本でも、天智天皇《てんじ》(六二六〜六七一)が作らせたといわれる水時計は有名であるし、中国の漏刻《ろうこく》といわれる水時計には、古くからかなり大規模なものがあったらしい。日時計は、紀元前から、メソポタミアはじめ各地で使用の跡を残しているし、ロウソクなどの燃え具合で時間を測定する火時計や、砂時計の類も、古くから存在したことはよく知られている。しかし、人びとの時間の感覚、時間の意識を大きく変えていったのは、一

図 4-1　ヨーロッパの時禱書から(Bibliothèque de la Ville de Caen, *Livres d'heures de Basse-Normandie*, Caen, 1985, より引用)

キリスト教の精神にのっとって，しかるべき時にしかるべき祈りを捧げるための「ガイドブック」であった時禱書には，しばしば見事な挿し絵が添えられていて，それぞれの時代の心性をうかがわせる貴重な資料となる．ここにあげた 2 枚の絵は，いずれも 16 世紀のものである．ルネサンス様式の建築と一点透視画法が顕著なもの(右)と，死の遍在を描いて人生のはかなさを想わせるもの(左)と，いずれも同時代の対照的な面を示している．しかるべき時にしかるべき祈りをあげたいという想いが，ヨーロッパにおける正確な計時への動機の一つであったと見なされている．

定のリズムで時を刻みつづける機械仕掛けの時計の出現であった。

その出現は、ほぼ一三世紀なかばころのヨーロッパであったと見なされている。正確なところが分からないのは、現物が残っていないのに加えて、文書にも正確に判定できるものがないからである。史資料が欠けていると、正確な事実認定が困難であるということの、これは一例となる。「オロロギウム」という時間測定装置を意味する単語は文書に出てくるのだが、それが機械仕掛けのものであるのか、日時計のようなものであるのか、それだけでは判定がつかない。一四世紀にはいると、いくつかの都市に塔時計が作られていたことが分かっている。

塔時計を製作することは、当時としてはたいへん経費のかさむ、したがって都市が豊かでなければできない事業であった。それまでの教会の鐘が知らせる時間とは別に、都市の独自の時間をもとうという、都市生活上の必要性や意欲がまた必要でもあった。はじめから時計職人がいたわけではないから、各種の職人を招聘して作業を組織するだけの力量も問われたであろう。一種の大規模な公共事業であった。

時計の製造は、時代が進むとともに進歩しつづけ、一八世紀末までにはきわめて精巧なものが作られるようになった。置時計や掛時計はもちろん、指輪のような装身具に組み込まれた小さな時計、そして懐中時計。やがて二〇世紀前半には腕時計が普及する。

時計のない時代、教会の鐘は日本の近世までの寺の鐘と同様、季節によって鳴らされる間隔は一定ではなかった。不定時法である。つまり、日の出と日の入りを基本にするから、季節によって時刻は異なるのである。機械仕掛けの時計は、季節にも天候にも左右されない等量でリズムを刻む定時法の世界を実現した。

時計が示す時間は、等間隔の世俗化した時間であり、単位としての時間に特別の意味があたえられることはない。それを基準に、数学的な合理性をもってものごとを組み立てる姿勢を、社会に広めてゆくことになる。

二　時計の時間と社会の秩序

時の支配と政治秩序

中世末のヨーロッパで、まだ稀少であった機械仕掛けの時計は、それを持つようになった都市にとって、いわばみずからの力を誇り高く示すものであった。都市の公共広場に設置された塔時計は、当時の都市の経済的豊かさを支えていた商人たちが、それまでの教会の鐘が示す宗教的意味のこめられた時間にたいして、自分たちの世俗的な経済生活の時間を対置できる力を蓄えたことの証であった。ただし、中世末の商人たちも死後の救済を信じるキリスト教徒であったから、ここで時間意識がすべて世俗化してしまったと考えては間違いになる。少なく

図 4-2　ナントの王令を廃棄したルイ 14 世をたたえる版画(Archives Nationales, *Les Huguenots*, Paris, 1985, より引用)

中央の多面体の時計に注意してほしい．図上方には「太陽のもとですべて等しい時刻をきざむ多面体の時計」とある．多面体の時計の上の中空には，アポロンの顔で太陽が示され，そこから光線が発しているさまが描かれている．太陽とは，太陽王ルイ 14 世のことであり，そのもとでフランス王国内の秩序が統一されてあることを，光線と多面体の時計とで象徴している．

とも生活のなかで活動の一部が、宗教的な意味とは別の論理において組み立てられるようになってきた、ということなのである。

時間の秩序をみずから組み立てるということは、社会秩序の根本を自分たちの手の内に収める、ということを意味している。こうした時計のもつ性格を、都市の上位にたつ権力である王権も、また見逃すはずはなかった。たとえば、中世末にフランス王は、パリの時間をすべて王宮の時計に合わせるよう布告している。時間の組織化を決定する者、すなわち社会の秩序を決定しているのは国王以外ではないのだ、という意思の表明といえよう。おなじように、反抗的姿勢を示した都市にたいして、その支配者である王が、都市の時計の取り壊しや、仕掛け時計の人形を持ち去るよう命令する、といった措置が取られたりした。これもまた、都市の力の上をゆく存在があり、秩序の最終的な決定者が誰であるかを、象徴的に示す行為であった。

時間をどのように計るかは、一見些細なことのようではあるが、生活のリズムを組み立て、社会に秩序をあたえることでもあるから、政治の支配にもかかわってくるのである。

産業資本主義の発展と世界標準時の制定

時計の製造は、その当初の塔時計から、多くの職人たちの共同作業でなされた。一六世紀にもなると専門の時計職人たちのギルド組織が、各地の都市にできるようになるが、これもまた時計の各部分ごとに、たとえば歯車を作る職人、文字盤を作る者、枠を作る者といった分業体制が取られるようになった。親方職人はその全体を統括者として設計し、分業後の完成品を調べ、自分の名前を刻印する、という形式になっていった。

時計製造では、複数の職人がきわめて精巧な装置を手作りで完成させる工程を、正確に組織できなければならない。正確な歯車ができなければ、かみあわずに時計は動かない。ゼンマイの力を正確に制御できなければ、リズムは等間隔にはならない。じつはこうした経験は、技術史家のデヴィッド・ランデス(一九二四〜二〇一三)も指摘したように、イギリスをはじめとした西ヨーロッパにおける産業資本主義発展の、基礎をあたえたものと見なされている。

時計は、安定した動力の伝達装置を内蔵した精巧な機械であり、しかもその製造には分業体制が取られ、規格化した部品が正確に作られて集められ、組み合わされてゆく。一八世紀にはイギリスやフランスの時計製造で実現していたこれらの条件は、機械化にもとづいた生産体制、すなわち産業資本主義の生産体制が、軌道に乗るための基本条件である。そして時計の時間は、経済的な効率性を測定する基本的尺度でもある。投下された資金や労力が製品に結実するのに、どれだけの時間がかかるのかが、生産効率としてたえず考慮される世界が姿を現わしてくる。

一八世紀には、懐中時計という形式で、都市を中心にして普及していた時計は、一九世紀には工場や学校、鉄道などの日常生活のさまざまな場面で、人びとの目に普通に触れるものとなった。個人が時計を持つのも、大量生産の開始によって価格が下がったために、とくに珍しいことではなくなった。

だが、現在から考えると妙な感じがすると思われるが、時刻の設定が何を基準とするのかは決まっていなかったから、時刻表示はところによってまちまちだった。正確な計時を基本とする時計がそれでは具合が悪い。とくに一九世紀なかばからの鉄道の普及は、時刻を同調させる必要をもたらした。そうでなければ利用に不便なばかりか、事故の危険さえある。

そこで最終的には、一九世紀末に、イギリスのグリニッジを本初子午線とする世界標準時が国際会議で決定され、各国はそれとの経度のずれで時差を設定する仕組みになった。現在われわれがなじんでいる標準時のシステムである。これなしには、もはや世界金融市場をはじめとして、現代の世界の仕組みは成り立たない。

しかし地球は丸いのであるから、本初子午線が、つまり基準が、イギリスのグリニッジでなければならない物理的な必然性はどこにもない。要するに一九世紀において、パクス・ブリタニカといわれるようなイギリス帝国の世界政治経済におけるリードがあったからこそ、この国際会議での決定がもたらされたのである。だからイギリスと対抗していたフランスなどでは、この標準時はすぐには採用されなかった。フランスは、パリを主張したのである。ここでも時間は、政治秩序と不可分であった。

三　歴史研究上の時間の枠組み

ブローデルによる問題提起

歴史の研究は、時間上の過去を対象とし、あることがらが時間の経過とともにどのように変化したのか、あるいは変化しなかったのか、という発想をする。時間の尺度は、歴史の研究と考察にとって避けては通れない要素である。

歴史を研究するうえでの時間の問題を考える場合、先駆的な問題提起をしたフランスの歴史家フェルナン・ブローデル(一九〇二〜八五)の名前を忘れるわけにはいかない。ブローデルの博士論文『フェリペ二世時代の地中海と地中海世界』は一九四九年に公刊されたが、そのなかで彼は、歴史における時間の捉え方を大きく三つに分類している。

第一は、個人にとってはもとより、社会にとってもその変化が容易に捉えられないような長期的な持続、地理的な時間である。自然環境の諸条件にかかわるような時間であり、地中海世界でいえば、地中海という海そのものにあたる。その変化を捉えようとすれば、きわめて長期的な時間の幅を設定せざるをえない。

第二は、個人の一生を超える社会的な制度であるとか経済の仕組み、あるいは日常の立居振舞の基盤になっている共通感覚など、相当に長い時間の幅を取ってはじめて変化が捉えられるものである。これもまた長期的な持続といえるが、彼はこれを中期的な、社会的な時間という。海でいえば、海面が激しく波打とうが凪《な》いでいようが、底を流れている海流にたとえられる。

第三は、出来事や政治的決定など、ときには一刻一秒が問題になるような、個別的な短期的な時間である。これを対象にすれば、時間の設定の仕方は当然ながら細分化されたものとなる。海でいえば、水面に泡立つ波のようなものだというわけである。

こうした三つの時間の層を区別したブローデルは、当時フランスで支配的であった政治史が、もっぱら第三の短期的な時間における研究に終始していた点を激しく批判し、反対に第一、第二の面、長期的な持続という面への着目、すなわち長期的な時間の枠組みを設定してなされる研究の重要性を、力説したのであった。

変化のダイナミズム

ブローデルは、フェーヴルが亡くなったあと「アナール学派」の中心となった、フェーヴルより一世代下の歴史家である。彼はフェーヴル同様、近代的な学問がおちいりやすい細分化や知の断片化に一貫して警告を発し、

「長期的に持続するものこそが人類の深層の歴史であり、いかなる歴史も、この深層の歴史との関係において構造化されている」のだ、と唱えた。このような長期的な持続を最重視する彼の姿勢は、その当時のフランスの学界のあり方や、構造主義が台頭しつつあった言論界の潮流との関係で、理解すべきものである。

第二次世界大戦後の早い時期に、歴史の研究をおこなうには時間の枠組みを意識化しなければならない、と明確に提起した点で、たしかに彼の先駆性は疑いようがない。いささか地理決定論的な色彩はあったものの、歴史にとっての環境の重要性を指摘した点でも、彼の先駆性は疑問の余地がない。しかし現在では、長期的持続を特権化する見方は、逆に歴史の理解の一面化を結果しかねない。歴史は、持続と断絶のダイナミックな関係を内包してきたはずである。長期、中期、短期という時間の区分にしても、それらはあくまで変化を捉えるための相対的な認識の枠組みであって、それぞれを絶対量としての年数に置き換えて定義しようとしても、意味はない。

これを別の角度からいってみれば、それぞれが取り上げ問題とする対象の歴史的な持続性や変化のあり方は、決して一様ではない、ということである。全般的にいえば、社会史が問題にした日常的な社会生活の様相や経済の仕組みについては、ブローデルが指摘したように変化のリズムはかなりの長期にわたり、他方、政治的な出来事、あるいは政治に限らず社会生活における事件への対応などは、かなり限定的な時間のなかでの紆余曲折が問題になることが多い。たとえば戦争や紛争などの場合、あるいは革命などの場合でもそうであろうが、とっさの判断が問われるような事態は少なくない。社会生活における天変地異などの異常事態といったような事例でもそうである。

しかしそうした出来事の場合であっても、それを体験した人びとの日常性に即して捉えてみると、代々受け継がれてきた慣習的な付き合い関係や、地縁・血縁の諸関係など、より長期的にあまり変わることなく継受されてきた社会的諸関係が、その短時間における対応にも大いに関与している場合が少なくないのではなかろうか。

肝心なことは、歴史を捉えるにあたって、みずからがどのような問題をどのような時間の幅において考えるのかを意識しよう、そして歴史の変化が一筋縄ではないことを考えれば、研究においても多様な時間の枠組みを用意してみよう、という点である。

時代区分の多様化

このような考え方は、時代区分の多様化へつながる。いままで支配的であった時代区分は、大別すれば二種類あった。一つは政治支配の交替に即した区分である。王政から共和体制へとか、日本の場合では安土桃山時代から江戸時代へ、といった場合の区分である。一種の王朝交替史は、学問的な歴史が成立する以前から、歴史の語り口の重要な一つであった。

いま一つは、社会経済的な生産の仕組みを基準とする区分である。階級的な支配被支配関係を歴史の本質とみる唯物史観が採用した、奴隷制から封建制へ、封建制から資本制へ、といった類の区分である。近代化論の場合にも、工業化へ向かって経済成長の離陸が実現する以前と以後で本質的な差異が生じる、という形で時代区分があたえられる。

しかし歴史への問いの多様化に応じて、歴史的変化の筋道も多様であると認識されるようになり、したがってそれらを捉える時間の枠組みも多様に設定してみる必要が生じた。それと同時に、結果として得られた知識にもとづいた時代区分のあり方も、多様化せざるをえない。なにか特定の時代区分を本質的として、すべてをそこに括ってしまうのではなく、対象とする問題の性質に応じて、時代区分は異なってくると考えなければならない。

さまざまな変化のリズムをもったことがらが、歴史的に多様な系をなしていて、それらの系が相互にどのような関係を取り結ぶかを見ることによって、ある時点における社会全体の歴史的な様相や、より全体的な変化の生起を理解することができる。

たとえばフランス革命とかロシア革命、あるいは明治維新といった大きな変動の事例が分かりやすい。それらが生じた時期には、それまで多様な系をなしてきたことがらの変化のリズムが、収斂《しゅうれん》して共鳴しあうような事態が生じていた。単純に断絶とか、逆に連続とか、ことの一面のみを捉えただけでは、そうした大きな変動の歴史的な理解はおぼつかない。

5 歴史の重層性と地域からの視線

一 歴史の重層的な変化

歴史における変化とは

前章でみたように歴史の研究は、基本的には時間の経過に沿った変化を扱う学問である。しかしその変化にも、さまざまな様相がある。短時間のうちに急激に変わるものもあれば、一人ひとりの人生からすればほとんど変わっていないように見えて、しかしそれでも長期間にわたってみれば、そこに大きな変化が認められるようなものもある。

地震における断層のような、急激な変化の例としては、政治革命やクーデタなどを想起できるであろう。しかしそのような革命の場合でも、政治権力の担い手が交替したにしても、たとえば社会生活の仕組みなどは、そうかんたんには急変しないことが多い。出来事が生じた町の形状などにしても、そうであろう。

たとえば、一八世紀末に起こったフランス革命は、社会の根本的な刷新と、人間の新生を求める姿勢をもっていたし、現実にも、それまでの王政と身分制社会の原則を覆し、かわって国民主権の原則を樹立した点で、フランス史においては一つの断絶をしるしている。とはいっても、すべてが断絶という見方で理解できるわけではない。たとえば中央政府と地方、ないしは中央行政と地方自治という観点からすれば、旧体制下に王政によって追求されていた中央集権的な行財政の制度化が、革命によっていっそう推進されたという評価がありうるのである。これは連続性、ないし持続性の面といえる。

現実の歴史の展開においては、多様なリズムをもった変化の動きが、折り重なるように重層していて、きわめて古くからの要素が持続しているところに、別の時代に特徴的なものが重なってゆき、たとえていえば、ちょうど屋根瓦がずれて重なっているように変化してゆくことが多い。そこに、ある脈絡のなかで断層のような急激な変化が加わって、持続的に重層してきた変化と共鳴しあったり、逆に反発しあったりする。

かつての時代の要素は消え去ってしまうのではなく埋もれていて、断層のような事態が起こると、ときには再浮上してくる。それはもちろん、過去が甦るというのではなく、あらたな歴史的脈絡において、あらたな意味を帯びて浮上してくるということである。

多面体としての都市空間

歴史の重層性を理解するための事例として、ここでは都市空間のあり方を取り上げてみよう。都市は、人、もの、情報が濃密に流れるネットワーク関係のなかで、結節点になる社会空間である。したがって都市は、たえず外部との関係性を捉えながら、内部を調整してきた。そこで都市空間の内部には、きわめて多様な要素が内包されることになる。現実の空間構成上も、社会生活のあり方においても、また住民の特徴やその都市としてのイメージにおいても、多面体と表現することができる。

図 5-1　バルセローナのガウディ大通り

図 5-2　バルセローナの旧市街(いずれも筆者撮影)

スペインのカタルーニャ地方の都バルセローナは，ガウディ，ミロ，ピカソ，タピエスといった芸術家たちが活躍したことで知られるが，19 世紀末から大規模な近代都市計画にもとづく改造・拡大が進められたことでも有名である．図 5-1 は，その結果開通させられた直線的な大通りの一つであるが，他方，港に近い歴史的旧市街には，図 5-2 に見られるようなヒューマンスケールの非直線的な街路があって，対照をなしている．

都市に集まる財や情報は、経済にかんするものばかりではない。政治や宗教や、あるいは文化や技術にかかわるものもある。都市は、その直接隣接する圏域を範囲とする、ローカルなネットワーク関係の核に位置することもあれば、そのような狭い範囲を超えて、遠隔の地域とのネットワーク関係を濃密に形成していることもまれではなかった。

そのような場所である都市を、みずからの拠点として支配下におさめようとしたり、整備しようとする力が、さまざまな時代においてさまざまな角度から働いてきた。そのような力を、意図的な実践の力、プラクシスと呼ぼう。

それは、さまざまな時代に存在し

た都市計画に、もっとも分かりやすい形で示されている。都市計画、つまりアーバニズムとかアーバン・プランニングという言葉は、都市化が急速に進んだ一九世紀のヨーロッパから、近代的な都市改造の発想にもとづくものとして誕生した。しかし、古代遺跡の例や長安、平城京、平安京などの事例がすぐにも想起できるように、近代的な都市計画にはるかにさきんじて、都市プラクシスは存在したのである。

しかし他方で都市には、それぞれの時代における拘束条件のなかで、現実に生活を営み、生を全うしてゆく人たちの実際的な暮らしがあり、多様な行動がある。それは、フランス語ではプラティークといわれる領域である。人びとは多くの場合、あえてなぜと問うことなしに、暗黙のうちに了解された規則性のなかで、そのような実際行動をとっている。その実際行動が、プラティークである。

都市計画が立案され、実行に移されたとしても、できあがった空間を人びとの実際行動が変形させてしまう、ということはよく起こった。むしろ、都市計画が構想どおりに実現し、そのまま持続できたことは、まずなかったのではあるまいか。

都市空間に歴史を読む

プラクシスとプラティークとが、歴史におけるそれぞれの時点で相互に干渉しあうなかで、いわば押し合いをしながら現実の都市は形づくられてきた。それぞれの時代において相互に干渉しあった結果は、多くの場合、物理的な空間のなかにしるし込まれて後世に伝わっている。

現存する都市のなかにも、きわめて古くからの歴史の痕跡を空間にとどめている都市は、少なくはない。たとえば建築物であるとか、広場の形や機能であるとか、道路と街区の形状であるとか、あるいは都市空間全体のスケール、都市とその周囲との関係性といったもののなかに。

見方を換えれば、それぞれの時点における都市の姿かたちから接近して、その空間のなかに、その都市の歴史が読み解かれる可能性がある、ということである。現存する都市を歩いて、現実に目の前に広がる空間に身を置いてみて、その場所に見て取ることができる特質を、実際に確認してみることもおもしろい。

しかし、ただ眺めていただけで、その都市の歴史がよく分かるというものでもない。前提として、それぞれの都市が属する文明の特徴や、建築の時代的・地域的な様式などについて、十分に学んでおくことが必要であろう。そして、さまざまな文献史料や、過去から伝わっている地図や都市計画図、設計図、あるいは都市絵画などをつき合わせて、多様な史資料からのデータを活用することが必須である。それと、現地での見聞や調査を組み合わせることで、その都市についての歴史的理解は、その深度とふくらみを増すに違いない。

二　地域と国家

多様な地域の存在

少し前まで歴史は、多くが国家を単位として語られてきた。歴史学でも国を枠組みとした研究が、通常なものとなっていた。いわゆる「一国史」である。

しかし、よほど小さな都市国家のような場合は別にして、一般に国家内部が単一の様相で統一されているということは、まずない。国家の内部には、それぞれに独自の性格を備えた地域が多様に存在してきた。たとえば経済的な特徴において、しばしば諸地域はモザイク模様を国家にあたえている。中心的な産業が何であるかという点でも、所得水準という点でも、国内が均一であるなどということはまずない。

文化についても、国家の名が冠せられる文化とは異なる特徴をもった文化を、それぞれの地域は育んできた。用いられている言語にしても、国家が正統なものとして認定した言語、国家語とか標準語とかとは、きわめて異なった言語をもった地域は多い。

しかも国家領域の範囲自体が、歴史的につねに同一であったわけではない。主権国家が形成されはじめた時代以降でもそうだし、もっと時代をさかのぼれば、もっとはっきりする。例として日本をみれば、大和朝廷の時代の日本と、現在の日本とでは、その国家領域、あるいは有効支配の範囲は、大きく異なる。

そうしたなかで、人びとは歴史的にはどのような自己意識を形成し、伝承してきたのか、どこにどの程度の帰属感をもっていたのか、といった点でも、各地域は特色を示すことが多い。であればこそ、領域内での国家の統合力を強めようとする人びとは、ときには暴力装置を動員して抑えつけたり、標準言語を定め、統一的な法体系を施行するなどの政策を、追求したのである。

歴史の展開は、時間の尺度と変化のリズムという面から考えると、重層的な変化として捉えられることは、すでにみたとおりである。じつは空間の枠組みという点でも、歴史は重層的に展開しているものと考えられる。

主権国家の原則

現在の地球上に存在する国家は、国境線で囲まれた主権国家として存在している。国連構成国の原則が、それである。では、この主権国家という原則そのものは、どのようにして歴史に登場したのであろうか。

それはヨーロッパの一六世紀から一八世紀にかけて、明確な姿を取っていった。一六世紀後半に理論書を著したフランスの政治思想家ジャン・ボダン(一五三〇〜九六)は、その先駆的な存在であった。統治体制としての国家政治と、市民の共同体としての社会との結びつきをうまく保障するものとして、彼は主権を位置づける。その主権を体現する主権者が国王なのだ、と。

この時代は、中世的な封建諸侯の力を抑えて、国王が領域国家の長としての力を確立しようとしていた時代であった。政治的な統合の論理が、属人的な原理から属地的な原理に変化する時代である。つまり、人は国王という人に属するのではなく、領域国家という地に属し、その長としての存在が国王だというのである。

現実の国家をめぐる政治情勢は、決して一筋縄ではいかなかったのであるが、ここで重要なのは、領域国家と主権という政治的原則が明確な形を取っていった、ということである。じきに、国王に代わって市民こそが主権者なのだ、とする主張が登場する。一八世紀のことである。自然権として、つまりは当然の権利として国民主権でなければならない、という主張は、啓蒙思想のなかで大きくなり、一八世紀末にはアメリカ独立革命やフランス革命を主導する原則となった。

三　国民国家形成が追求された時代

一体性の追求

一八世紀までの王権のもとにおける領域国家は、依然として身分制を社会編成の仕組みとして払拭できないでいた。おなじように、歴史的な特徴をもって形成された既存の地域や社会集団のまとまりを、統治の仕組みに利用する形式をもっていた。それについては、第10章で立ち入って考えてみよう。

ところが一九世紀には、領域内の住民を国民として位置づけ、国家としての一体性を強く求める動きが、まずはヨーロッパから展開しはじめる。皇帝になったナポレオン(在位一八〇四〜一四)がみずからを「フランス国民の皇帝」としたことに端的に示されているように、たとえ国王がいたり皇帝がいても、もはや国民の動向を無視しては政治が成立しない時代がはじまりつつあった。それは、イギリスを先頭にした産業化の発展という、経済と社会の大転換ともかかわっていた。

しかし現実には、国家内のさまざまな地域には多様な特徴があり、文化的にも法的にも一体的というには程遠かった。そうした各地域に暮らしてきた住民を、なによりも国民として一体感のもとにまとめてゆくという政治的な課題が、一九世紀に大きく浮上した。産業化と都市化の進展を前提にした、列強間の世界的な覇権抗争のなかで、国家内部の一体性の追求が急務と見なされたのである。

経済力で先頭にあったイギリスにいかに対抗し、これに追いつき追い越すか、という課題から、各国は国内経済の一体化と国内市場の統一的な整備、規格化された労働力市場の創出、国民文化による文化的な標準化や、議会制による国民の政治統合を、それぞれの状況に応じて推進しようとした。生産した商品の販売や生産のための原料確保をねらって、覇権競争が激化するなかで軍事力の強化も重視された。殖産興業と富国強兵は、明治日本だけではなく、まずヨーロッパにおいて、国民国家形成の追求と一致して現われた政策であった。

したがって、ヨーロッパにおける国民国家形成の動向は、非ヨーロッパ世界にとっては経済的な従属化や、植民地化の波となって押し寄せることになった。国民国家内部の自由や平等、民主主義といった考え方は、その外部にまで及ぼされることはなかったのである。

国民形成の政治

自由と平等という理念は、たいへんきれいなものである。しかし、それが国民国家形成のなかで唱えられた文脈においては、それまで歴史的な個性をもって形成されていたさまざまな地域の住民にたいして、その個性の否認、固有性の否定として作用した面があったことを、見落としてはならない。

言語の事例がもっとも分かりやすい。経済が国内で一体化されてゆくにも、軍隊が統一的な指揮系統のもとにはいるにも、言語的な統一はかなり重要な点である。国語教育は、住民を国民として形成するうえで重要な役割をあたえられた。フランスのように、すでに旧王政下に言語統一がある程度進展していたところでは、アカデミーが整えていたフランス語があるべき言語として位置づけられ、あらためて地域言語の調査がおこなわれた。イタリアのように、一九世紀なかばに国家統一が実現したところでは、どの地域の言語を標準イタリア語とするか、論争が巻き起こった。

多くのところで、国家が公認することによって支配的な位置についた言語にたいして、それとは異質な言語、あるいはそれぞれの地域に根づいてきた方言とされる言語は、この時代においては消え去るべき、是正されるべき言語と見なされてしまったのである。しかもそれは、国民としての権利を平等に享受し、文明の発展のなかに等しく位置するための手だてとされたのであった。

言語ばかりではない。国民形成の政治は、さまざまな回路をもって推進された。それは兵役を通してなされ、学校教育のなかで追求された。国語だけでなく、国民としておなじ過去をもっているとして、学校教育における歴史地理がどこでも重視された。極端な場合には、植民地住民にも本国とおなじ歴史が教育されたのだった。近代的な学問としての歴史学の成立も、このような歴史的脈絡のなかに位置している。

現実にこれらの教育が、国民形成という点でどのような成果をあげていたのか、評価はかんたんではない。それを推定させるような直接の史料は、多くはないからである。しかし一九世紀が進むにつれて、意図的な国民形成の政治よりも現実のものごとの動きが変化していったことが、大きな作用を及ぼしたことは間違いない。政治行政の仕組みだけでなく、経済の動向や各種の情報の発信が、首都を中心とした支配的地域から、多様化した便利なメディアを通じて広まるなかで、それぞれの地域が否応なしに一体化の流れのなかにさらされたのである。

四　持続する地域の特性

周縁化への抵抗

国民国家としての一体化の追求は、その中心になった支配的地域や社会階層にとっては、それこそが平等を進め、進歩を実現するものと見なされた。しかし、支配的傾向には属していなかった地域にとっては、異質なものの押し付けと捉えられたとしても、不思議ではない。自分たちの存在様式は否定され、あらたな国民国家のなかでは周縁化されることを余儀なくされたのだからである。

このような状況のなかで、それぞれの地域は一体化の流れにさらされながらも、そうかんたんには地域的な特徴を捨てようとはしなかった。むしろはっきりと、地域的な特徴を独自なものとして主張する動きも生じた。一九世紀のヨーロッパにおいては、そのような地域性の主張は、おもに地域の文化人たちのあいだから起こされていった。

一例をあげよう。フランスでは「自由・平等・連帯」を合言葉に一八世紀末に起こされた革命で、国民国家の原則が強烈に押し出された経緯もあり、国民形成の政治は持続的に進められていた。とくに一九世紀後半になると、フランス革命の後継者を自任する第三共和政が確立し、その推進はいっそう明確になっていた。そのなかでフランス語ではない言語にもとづく文化は、周縁化を余儀なくされていた。それにたいして、ブルトン語をもつブルターニュ地方や、プロヴァンス語をもっている南フランスのプロヴァンス地方では、自分たちの文化の独自性を強く主張する運動が起こされた。とくにプロヴァンス語文化の防衛と育成を唱えた「フェリブリージュ」運動は有名である。

地域主義運動

もちろん、こうした地域の独自性を主張する動きは、フランスだけに起こったわけではない。イギリス帝国の内部で、自分たちは旧ケルト系の歴史をもっているのだと自認したスコットランド、ウェールズ、そしてとくにアイルランドでは、文化運動だけでなく、きわめて政治的な性格の強い運動も起こっていった。オーストリア・ハンガリー帝国内部では、地域の動きは民族運動として形をとるようになっていった。

しかし、地域からの独自性の主張が、限られた地域文化人とか政治的なリーダーだけでなく、ひろく地域住民を含む広がりをもつようになったのは、ヨーロッパにおいては第二次世界大戦後である。

二度の大戦を経て、それぞれの国民国家の統合性には疑問が生じていた。他方で、領域的な国民国家が分立して抗争するという限界については、さまざまな角度から、その是正や改編への模索がはじまっていた。経済や技術において開始されたヨーロッパ統合体への模索は、結果的に国民国家のたがを緩めた。それまでは国民的統一の名のもとに押し込められていたさまざまな地域や少数民族の自己主張が、表出されはじめたのである。

一九六〇年代からは、地域主義の主張として、それらの主張はいっそうはっきりとした。文化の独自性を否認されたり、周縁化を余儀なくされてきた地域は、多くの場合には経済的にも格差をつけられてきた。地域主義の主張は、それぞれの地域が国民国家形成の途上でおかれた位置に応じて、文化に重点があるのか、それとも経済か政治的権利か、そのあらわれかたはさまざまである。しかし、もはやそれが抵抗の局面を超えて、あらたなヨーロッパを形成してゆく主導原理の一つになってきたところが、一九世紀とは根本的に異なっている。

図5-3 地域独自の祭礼(Claude Bailhé et Roger Armengaud, *La Bretagne au temps des chanteuses de complaintes*, Toulouse, 1986, より引用)
フランスのブルターニュ地方，ペロ・ギレックの村でおこなわれていた祭礼の行進．おそらく8月15日の聖母被昇天祭(アソンプション)の行進と思われる．ここは，近くに海水浴場もあって，パリなど都会から避暑に訪れる客も多かったが，地元では，聖母マリアを讃える祝祭をはじめとして，独特の様式をもった祭礼が一年の生活にリズムを刻んでいた．19世紀末から20世紀前半にかけては，こうした祭礼や日常生活のようすが絵葉書にされて売り出されていたが，この写真も切手が貼ってあることから分かるように，その一例である．

経済がポスト工業化の時代にはいり、情報の流れや相互連関が国家の枠をかんたんに超えてしまう現実のなかで、分権化の動きと同様に、地域の独自性をいかに生かせるかは、重要な政治的・経済的課題になっている。この点は、ひとりヨーロッパに限定されたことではない。

グローバル化と地域

ヨーロッパにおける地域と国家についてみてみたのは、ヨーロッパにおいてまずは主権国家が、ついで国民国家が生み出され、産業化の展開とともに地域の問題が明瞭に存在してきたからである。しかし問題が、ヨーロッパに限定されないことは当然である。国家経済と地域経済、国民文化と地域文化、言語問題、中央集権と地方分権、地域の相互連関など、地域をめぐる問題の範囲は広く世界各地に共通し、また歴史を考えるにも共通した課題である。

さまざまな地域の歴史的個性とは何であったのか。各地域は、全体の歴史とのかかわりでどのような位置にあったのか。これらの問いは出発点であろう。地域からの視線は、歴史を内部の差異に注目しながら、比喩的にいえば襞に分け入るようにして考えてゆく、ということである。それは、世界の動きのグローバル化が進展するなかで、しかし存在の足元としての地域という場所の特性をいかに生かせるのか、そのうえで地域間の連帯がいかに組めるのかといった、将来の課題に答える道を探ることにも寄与するはずである。

6 グローバルな歴史の捉え方

一 人・もの・情報の動きと歴史の展開

閉域に孤立した歴史は存在しない

過去のどのような社会も、完全に孤立して自己完結的に、他の社会とはまったく没交渉で歴史を形成したなどということは、まずもってないと考えてよいであろう。

近世日本の鎖国や、中国の明代にとられた海禁政策なども、言葉がもたらす印象とは違って、外部との関係をまったく断ってしまうものではなかった。明による海禁は、私貿易を中心に発展していた東アジアの国際経済を、伝統的な朝貢《ちょうこう》方式のもとに統制しようとするものであった、と現在では理解されている。徳川幕府による鎖国の場合には、キリスト教の禁止など情報の徹底した統制とともに、周知のように長崎の出島におけるオランダ商人との交易や、対馬藩による朝鮮半島との関係など、外国との関係を限定して監視下に置こうとするものであった。いわば国家管理貿易と情報の統制をねらったものだったのである。しかし現実には、このような監視、統制は完璧に機能したわけではなかった。

つまり、政治的な意図から他の地域や国との関係を遮断しようとしても、それは容易ではない。一時的にできたとしても、持続させることは困難なのである。よほど小規模な自給自足の社会を想定すれば別かもしれないが、人類の歴史は、複数の社会が多様な関係をたがいに取り結びつつ展開してきたのが現実である。

交易ネットワークと文化接触

日本の戦後歴史学で支配的だった歴史の見方の特徴として、経済生産の重視があった。生産の重視は、二〇世紀の産業文明による大量な物資の生産体制と無関係ではないであろう。しかし同時に、それぞれの時代の生産手段の所有者と生産労働の担い手との関係を、その時代の社会支配の仕組みと結びつけて考える発想が、戦後歴史学に強かったことにもよっている。

たしかに、人類が狩猟採集から農業生産をみずからおこなうようになってこのかた、どのように食糧を生産して確保するかは、社会の存続にとってもっとも基本的な重要事項であった。じきに食糧そのものだけでなく、生産にかかわる道具、さらに生活上の必要品、そして直接生命維持に必要ではなくとも、たとえば宗教的な目的に照応したものであるとか、なにか美的な感覚に対応したものであるとか、人が想像力をもったがゆえに重要となった品々が生産されていったことは、さまざまな考古学上の出土品からも確認される。

それぞれの時代に、それぞれの社会で、どのようなものが、どのような意図を込めて作られたのか。生産はたしかに重要である。しかしまた、さまざまな地域の関係を重視する立場にたつと、生産されたものの地域間での移動、すなわち流通と交易も、歴史を一貫して重要視されなければならない。

交易を中心とした地域間の交流関係が、いくつも複合的に網目状に、持続性をもって展開していた状態を、地域間のネットワーク関係と表現することも、最近の歴史学ではおこなわれるようになってきた。たまたま漂流者が漂着したとか、冒険家が行っただけでは、ネットワーク関係とはいえない。ただ、持続性とはどの程度をいうのかとなると、これを一般的に定義することはできないだろう。むしろ、時代ごとに関係の網目が広がったり収縮したりする、あるいは往来する頻度や密度が濃くなったり薄くなったりする、というふうに考えてみればよい。

こうしたネットワーク関係の結び目にできてくるのが都市であり、その都市の市場は、ネットワーク関係のう

図 6-1　バリ島の市場(上)
図 6-2　パリ近郊の市場(下)(いずれも筆者撮影)
市場で物を売り買いする人たちの風体や仕草は異なるが，言葉のやりとりと物のやりとりが活気ある空間をつくりだしている点では，洋の東西を問わず共通している．市場は，歴史的な過去においても現在でも，人・もの・情報が密度高く出会うきわめつけの場なのである．

えを往来する人や物資の性格を、みごとに映し出すものであった。多様なものが出会い、多様な人と人とが出会うということは、そこで多様な情報が出会っているということでもある。

多様な情報が出会い、複数の文化が出会う。宗教の伝播であるとか、布教伝道の例などを想起すれば分かりやすいが、ネットワーク関係は、文化融合だけでなく文化衝突を引き起こす可能性もあった。いずれにしても、歴史上、濃淡の差を伴いながら、交易と同時に文化の交流が各地を結び合わせてきたのである。

二　海を舞台とした結びつき

海域ネットワーク

海は陸と陸とを隔てるものでもありえたが、しかしまた、陸と陸とを相互に結ぶものでもあった。船を造り、操作する技術がある程度以上になれば、海上の道は陸上の道よりもはるかに大量の物資や人間を、安定的に運搬することができる。

高速道路に代表される整備された道を、自動車のような高速移動用の機械で動くことに慣れてしまっている現代人は、よくよく想像力を駆使しなければなるまい。アケメネス朝ペルシアの「王の道」とか秦の始皇帝による幹線道路の整備、あるいはローマ帝国が軍隊移動のためもあって設置した石畳の道、これらが特記されるということは、一般に陸路がいかに悪い状態であったか、ということを示唆している。西ヨーロッパなどでも、一八世紀になって幹線道路の整備が進められるまでは、雨が降ればぬかるみ、乾けば馬車の轍《わだち》の跡が畝《うね》のように入り混じっている、ひどい状態が主要道路でも一般的であった。しかも陸路には、山あり谷あり、湿地ありだから、障害物を迂回するだけでも苦労が付きまとった。それに比べれば海路は、天候さえ良好で海が荒れなければ、きわめて古くから安定的な移動を可能にしてくれたのである。

たとえば、地中海を例にとって見てみよう。都市文明発祥の地である西アジアと地中海の両岸を結ぶ、海上の道からなる海域ネットワークは、少なくとも東地中海にかんするかぎり、西暦紀元をはるかにさかのぼって前三〇〇〇年紀には確実に存在していた。クノッソスの宮殿で有名なクレタ文明は、それを踏まえる形で成立したと見なされている。

図 6-3　リスボンの港で出航の準備をする大型帆船を描いた 16 世紀の版画(Jean Delumeau, *Une histoire de la Renaissance*, Paris, 1999, より引用)
舷側や船尾に備えられた大砲に注目したい．ポルトガルが先陣を切ったヨーロッパ諸国による南北アメリカ，アジアへの進出は，交易を求める側面と，力ずくでも富を確保しようとする側面との，両面をもっていた．また，造船技術と航海術は，このあと世界経済の覇権をめぐる争いで，重要な位置を占めることになる．

また地中海東岸に拠点をもっていたフェニキア人は、前一〇〇〇年紀にはいると地中海を縦横に走って交易を展開していたと見なされている。やがてローマ人が、この地中海域のネットワークをみずからの支配下におくところとなる。フェニキア人の拠点カルタゴをポエニ戦争(前三〜前二世紀)で破ったことが、ローマ人の地中海域支配確立にとって重要な出来事であった。やがてこの海域ネットワークの支配のもとに、「ローマの平和《パクス・ロマーナ》」と呼ばれるような帝国を築くのである。レバノン杉で有名なように、船を造る建材が沿岸地域で豊富に産出されたことが、早くからの海域ネットワーク発展の重要な一条件であった。

風を利用した長距離航海

船による移動といっても、手漕ぎでは限界がある。したがって広域にわたる海域ネットワークが成立するには、帆船の活用が重要な位置を占めることになる。

インド洋を中心とした広大な海域ネットワークについては、家島彦一《やじまひこいち》氏によるたいへん重要な研究があって、教えられるところが多い。紅海とペルシア湾から、あるいは東アフリカ沿岸から、インド沿岸部と南インドを経由して、東南アジアへいたる海域ネットワークが、さらには南シナ海から中国にまで及んで各地を結び合い、古くから機能していたことが明らかにされている。

インド洋の季節風を利用した航海は、紀元一世紀には間違いなく成立しており、西の地中海域を押さえるローマ帝国が南インドと持続的な関係をもち、さらに東方のアジアとも関係を保持していたことは、一世紀後半にエジプト在住のギリシア人が書き残した『エリュトゥラー海案内記』からも判明する。東からは香料や香辛料、綿織物などが運ばれ、西からはローマの金貨やガラス・金属細工品などが運ばれていたのだった。

家島氏の著書『海が創る文明』によれば、植物性繊維によって建材を縫合して造られた帆船ダウが、このインド洋海域ネットワークを技術的に支えた基盤であった。ダウ船は、もちろん時代や用途によって大小の差はあったものの、古代から現在にいたるまで構造的には一貫しているという。おおむね一〇月から三月までは、北東からの季節風を利用して、インドからアラビア、アフリカ方面へ、逆に四月から九月にかけては、南西からの季節風を利用してインドへと、ダウの帆船が大海原を疾走した。

ダウ船とは別に、中国で開発されたのがジャンクと呼ばれる大型帆船である。これを抜きにして、宋代からの中国の対外交易の大発展を考えることは、むずかしいのではなかろうか。一五世紀末からヨーロッパが、いわゆる大航海時代にはいってゆくはるか以前に、すでにインド洋から南シナ海にかけて、長距離ルートを含む濃密な海域ネットワークが存在していたのであった。大航海時代のヨーロッパは、アメリカ大陸との関係を別にすれば、まさにこの既存の海域ネットワークに参入する形で、交易関係の拡大を図るのである。

三　陸路と海路の結びつき

陸のネットワークとモンゴル帝国

インド洋海域ネットワークは、しばしば「海のシルクロード」などとも呼ばれるが、この表現は学問的には疑問が多い。絹織物も皆無ではなかったにしても、そこで重要だったのは香料や香辛料など重く、量のあるもので、とくに宋代以降には中国産の陶磁器も重要となった。いまでも英語で陶磁器を意味するのがチャイナという単語であるのは、ここに由来している。

陸の本来のシルクロードでは、重くてかさばる陶磁器よりも、絹織物であるとか小型の工芸品が主であった。ラクダに背負わせる荷の量は、船舶とくらべれば限界を伴った。このシルクロードという表現は、一九世紀末に内陸アジアを発掘したヨーロッパの学者たちに始まるが、内陸アジアを通過してユーラシア大陸の東西を結ぶルートは、西暦紀元前後には、そのルート周辺との交易も引きつけるネットワークというにふさわしいものとなっていた。内陸アジアのオアシス都市を結んだオアシスの道、そしてモンゴル高原から黒海北岸へと抜け、遊牧の民が通商の担い手でもあったステップの道（草原の道）、これらがそれぞれ周辺地域を結び合わせていた。もちろん道路があったわけではなく、砂漠の一部や草原を隊列が抜けていったのである。

一三世紀から一四世紀なかばにかけて、このユーラシア大陸のネットワークを制圧した騎馬遊牧の民が築いたのが、モンゴル帝国である。

中国を征服したクビライ（フビライ）の帝国、元（大元ウルス）と、大陸の中央部に分立した四ハン国とからなるモンゴル帝国は、征服による政治支配を展開しつつ、交易ネットワークは積極的に発展させようとした。分立していたそれぞれの国家は、厳密な領域や住民の帰属を求めなかった。元来移動を当然としてきた、遊牧の民の特徴と関係しているのかもしれない。武力制圧の限界を知ったモンゴル帝国は、交易による世界制覇の道を探ったといわれる。道路や運河の整備、駅伝制の採用や通行税の廃止などは、その表われであった。東南アジアや日本へ向かった元寇も、その一環ではなかったかとみられている。

「モンゴル海上帝国への道」という副題をもつ杉山正明氏の著書『クビライの挑戦』のいうとおり、モンゴル帝国が、内陸ネットワークと海域ネットワークとを結びつけようとしていたとするなら、その野望はたいへん雄大なものであったといえよう。

疫病や内部抗争などによって、モンゴル帝国の野望は実現することなく瓦解した。やがてこれらのネットワークに参入し、さまざまな地域世界を地球規模で結びつけるようになっていったのは、ネットワークには遅れてやってきたヨーロッパ諸国の勢力であった。ヨーロッパの近代は、さまざまな可能性と問題とを同時に生み出しつつ、地球規模でのグローバルな歴史の一体化へと諸地域を巻き込んでゆくことになる。

ムスリム商人の活躍

ラクダを駆使した陸のネットワークで活躍したのはムスリム商人、すなわちイスラームを信仰する商人たちであった。遊牧の民モンゴルも、一部はイスラームを受容してムスリムとなった。第3章でみたように、イスラームはもともと商人たちのあいだに広まった、商人たちの精神が反映した宗教である。インド洋を中心とした海域ネットワークで活躍したのも、またムスリム商人とムスリムの船乗りたちであった。

一五世紀の明代、永楽帝の指令を受けてジャンクの大船隊を率い、中国から東南アジア、さらにはインド洋を越えてアラビア半島や東アフリカ沿岸部にまでいたる、前後七回の大航海を敢行した鄭和《ていわ》は、イスラームを信仰する武将であった。同世紀末にはじめてヨーロッパからアフリカ南端を経由してインドに到達したヴァスコ・ダ・ガマの船をインド洋へ導いたのは、やはりムスリムの水先案内人であった。

インド発祥のヒンドゥー教や仏教は、僧侶の来訪による布教や、交易関係にのって東南アジアに普及した。しかし僧侶をもたないイスラームもまた広がっていった。現在でも多くのムスリムが東南アジアに存在するのは、インド洋を中心にした海域ネットワークにおけるムスリム商人たちの活躍ゆえである。すでに一三世紀末には、スマトラの港市国家がイスラームに改宗している。

交易によるやりとりは、経済にかかわるだけではない。交易とともに、ものを介し人を介して、文化もまた広い範囲に伝わっていったのである。

グローバルな相互関係とグローバル・ヒストリー

本書でも何カ所かで言及しているように、近代的な学問としての歴史学が成立した一九世紀には、その研究は国民国家を基本単位とするナショナル・ヒストリー、日本でいう一国史が基本とされ、そのうえで外交関係や戦争など、主として国家間の相互関係が問われた。しかし、そもそも各国の範囲が古来一定であったことはなく、どの時代であれ、歴史の展開は多くが一国の国境内部に収まるものでもなかった。

人類史というスケールで考えれば、人類はアフリカ起源という一点から地球規模へと、すなわちグローバルに展開してきたと考えられている。いま、われわれが生きている時代は、その末に、情報技術や交通手段の飛躍的発展によって、地球規模での各地のやりとりがリアルタイムで実現、ないし共有化されうる、そういう文字通りのグローバルな時代環境となっている。

地球各地のグローバルな関係性のなかで歴史を問う「グローバル・ヒストリー」と呼ばれるあらたな研究動向は、時代環境が一層グローバルになっている二一世紀に入って、さまざまな成果を生み出しつつある。他方、グローバルな相互諸関係は現在に始まったものではない、という点を今一度確認すると同時に、グローバル・ヒストリーを人類の歴史を捉える唯一の枠組みであるかのように実体化することは、それはそれでナショナル・ヒストリーとはまた別の視野狭窄に陥ることになりかねない、という点も指摘しておきたい。

歴史を問うにあたって、パーソナル・ヒストリーが取り上げる個人の生涯や生活範囲から、グローバルな枠組みに至るまで、問題に即して多様な空間的枠組みをどのように組み合わせ、研究考察を進めるのか、という点こそが、これからの歴史学には問われている。

7 身体と病と「生死観」

一　からだのイメージ

からだとのつきあい

ときにはヴァーチャルなものすら含む、人工空間のなかで送られる現代人の生活が、直接的な身体感覚から離れれば離れるほど、健康ブームのような動きも生じてくる。現代では健康という概念すらもが、健康でなければならないとする規範のもとにストレスとして、人の肩にのしかかっているかのようである。

たしかに健やかでありたいという思いは、多くの社会に共通する感覚であっただろうと想像されるが、しかし身体とのかかわり方、身体技法や身体イメージは、どの時代、いつの社会でも同一であったわけではない。社会によって、時代によって、身体技法が異なっていること、たとえば歩き方すら、座り方すら、同一ではなかったことの文化的な意味を、早くに指摘したのはフランスの人類学者マルセル・モース(一八七二～一九五〇)であった。

たとえば日本の近世までと、明治以降のことを比較して考えてみると分かりやすい。一例をあげれば、衣服と、行動の作法や身のこなしとの関係である。つまり、和服が標準の社会と、洋服がふつうになった状態との比較である。現在のわれわれも実感できることだが、和服と洋服とでは、たとえば走り方や座り方を考えれば分かるように、身体の動かし方は変わらざるをえない。つまり身体とのつきあい方は、さまざまな文化的条件によって規定されているのである。

今日われわれは、なにか病気だと思ったり、からだの不調を感じたとき、薬を飲んだり医者に行ったり、あるいは病院で検査を受けてみたりする。それはごくふつうの、あたりまえの行為の一つになっている。しかし、いつの時代にも、どの社会でもそうであったのかといえば、もちろんそんなことはない。

人もまた生物である以上、その生体には意識的な制御を超えた自律作用も含まれることは、普遍的に共通している。抗体反応や免疫は、意識して考えたすえに作用しているのではなく、環境のなかで身体が自律的に反応しているものである。しかし同時に人は想像力を持つゆえに、身体にかかわるさまざまなイメージを抱いて、そのイメージによって行動してきたのでもあった。

からだの部位のイメージ

頭のてっぺんから足の先まで、からだの各部位は、さまざまな表現に用いられてきた。「腹に一物あり」とか、「目は口ほどにものを言い」とか、精神の働きを身体の部位に託す表現も、それぞれの社会にさまざまに存在する。身体のどの部位にどのようなイメージを託しているか、さまざまな社会で異なるところと、きわめて類似している場合とを、探求してみるのもおもしろい。ある種の世界観が反映していることがあるからである。

日本において、病気の歴史とか栄養摂取の問題に限定せず、この種の歴史における身体のイメージや象徴性という問題の重要性を、一九八〇年代から提起していた歴史家に樺山紘一《かばやまこういち》氏がいる。その樺山氏が指摘するように、ヨーロッパでは心臓の例が、このような身体の象徴性を考えるうえでとくに顕著な特徴を示している。身体の部位は、それぞれにあたえられる意味や象徴性が、各社会によって微妙に差異化されているのであるが、ヨーロッパでは心臓は、ある種の特権的な位置をあたえられていたのであった。

一三世紀末のダンテの作品『新生』のなかで、理想の恋人ベアトリーチェへの愛を歌った詩では、文字通りの身体の一部としての心臓の現物が、愛する人を代表する象徴として登場する。一四世紀なかば、ペスト流行の時代に書かれたボッカチオの傑作『デカメロン』においても、そのなかの一つの話で、やはり愛する人の身体から取り出された心臓が、大きな役割をもって登場している。樺山氏が指摘したように、心臓すなわち「ハート」は、物理的な人体の一部を意味するだけでなく、その持ち主の気持ち、心根、さらには存在そのものをも代表して示すものなのである。

キリスト教の言説のなかでは、心臓は聖霊の宿るところでもある。パリのモンマルトルの丘にそびえる教会は、サクレクールという。すなわち聖なるハート、聖なる心でもあり聖なる心臓でもある。それは一八七一年のパリ・コミューンで倒れた人たちを追悼し、社会に秩序を、ここではカトリックの立場からする秩序を再建しようと、聖霊の名において心から願うシンボルとして、カトリック教会の手によって建てられたのであった。

両義的な象徴性

心臓といえば血液の流れを、われわれはほぼ自動的に連想する。限界以上に出血すれば生命が失われること、心臓と血液とは連関していることは、おそらくかなり古くから経験のなかで認識されていたと思われる。しかし、心臓が血液を送り出し、血液は循環してまた心臓に戻ることを、はじめて明らかにしたのは、イギリスの医学者ウィリアム・ハーヴィ（一五七八〜一六五七）であった。一六二八年刊の『動物における心臓と血液の運動に関する解剖学的研究』においてである。

彼の業績は、いわゆる一七世紀の科学革命の一翼を担うものとして取り上げられる。たしかに、解剖学的知見や生理学の前進をしるすものであったが、しかし彼は心臓を、ポンプ機械になぞらえるような、機能を中心にした部品のように理解したのではなかった。ハーヴィにとって、心臓は生命の礎石であり、身体という小宇宙の中心に位置する太陽なのである。そこでは、身体という小宇宙（ミクロコスモス）と天空を含めた大宇宙（マクロコスモス）とは、相関するものとして意識されている。

過剰な出血は生命の喪失につながる。しかしまた、過剰な血液の存在、悪い血液の存在は、身体に異常をもたらす。そういう理解にもとづいて、血液を少量抜く瀉血《しゃけつ》は、病気や身体の変調にたいする重要な処方の一つと見なされた。血液は、生命にエネルギーをあたえる体液の一つ、という位置づけをあたえられていたのである。

こうして血液は、生命力との結びつきで捉えられた一方、逆に穢《けが》れと結びつくものとしても意識された。それは、現実の血による汚れという意識もあったであろうが、また死との不吉な関係からでもあったであろう。とくに民間習俗にかかわるデータ、いわゆる民俗資料を参照してみると、ヨーロッパでも日本でも、血穢《けつえ》にかかわる習俗がさまざま見られたことが分かる。身体部位や、身体にかかわる事象は、この血の場合がそうであったように、しばしばプラスとマイナスの両義的な象徴性をもって捉えられている。

女性の出産や月経にかかわるタブーは、その典型的な事例である。出産は、生命の誕生を意味するわけだからおめでたいのであるが、同時に流される血のゆえに、産婦は一時的に穢れた存在と見なされた。したがって、特別な産屋《うぶや》が用意されたり、あるいは出産後しばらくして穢れを払う清めの儀礼を通過しないと、通常の生活に戻ってはならない、さもないと不吉なことが起こる、というように考えられた。こうした象徴的な意味づけは、そうすることによってこの繊細な状況に注意を喚起して、事故のないようにそれを乗り切る、というきわめて現実的な要請にも照応するものであった。かつて出産は、新生児や産婦の死につながりやすい、たいへん危険性の高い経験だったからである。

二　病気への対応

細菌による世界統一

世界各地の結びつきが緊密になってくると、思いもかけない病気の蔓延がもたらされる危険も生じる。大疫病(パンデミック)といわれる、伝染病の流行である。

一四世紀なかばにヨーロッパを襲ったペストは、黒死病として恐れられたが、もともとこの時のペストは中央アジアに存在していたものと見なされている。それが、東西交易の活性化に伴って黒海から地中海を経てイタリアのジェノヴァに上陸し、数年のうちにヨーロッパ全域を席巻したのであった。この時には東アジアや、アラブ・イスラーム世界にも大きな打撃をあたえた。西ヨーロッパでは、一八世紀はじめに姿を消すまで間欠的に流行しては多くの死者をもたらし、人口の伸びを抑制する機能を果たしていた。なぜこの時点で消滅したのか、その理由は分かっていない。

ペストの流行は、その当時にあっては原因が分からず、しかも重大な被害をもたらしたから、それが人びとの心にあたえた衝撃もただならぬものがあった。人はそこに神の懲罰や警告を読み取り、あるいは毒が撒かれたといった理由づけをしようとした。中世末から近代初頭にかけてのヨーロッパで、死の遍在を説き、救済を求める言説が流れ、あるいはこの世の虚しさを描く図像が流行した背景には、このペストに代表されるような生存の厳しさという現実があったのである。

病んだ身体の捉え方

ペストに限らず流行病にたいして、医学はまだなす術《すべ》もなかった。では流行病とは違う日常的な病気や身体の変調は、どう理解されていたのであろうか。

ヨーロッパにおいても、じつは臨床的な西洋医学が確立し、他方で細菌やウイルスなどの病原体が発見されてゆくまでは、いわゆる東洋医学とも共通する捉え方が主流であった。これは、すでに触れたようなミクロコスモスとマクロコスモスとの照応を前提にした、一種の心身相関的な、古代のヒッポクラテスやガレノス以来の考え方を引き継ぐものである。

人間を含めた自然の事物と事象は、火・地・水・(空)気の四大《しだい》または四元素からなっていて、それぞれは図(図7-1)にあるように、熱・冷、乾・湿という対立する基本性質のうちの二つが結合して構成されている。人間の場合、四大には四体液が対応しており、それによって人間には四つの体質、気質が備わるが、この四つの均衡が崩れると病気に陥る。したがって病気への対応は、この均衡を回復してあげることだ。そのような理解にもとづいて、薬草を処方したり、瀉血したり、下剤や吐剤を用いたのであった。

まじないのような処方や薬草は、医者の療法も民間医療も異なるところはなかった。フランスの劇作家モリエ

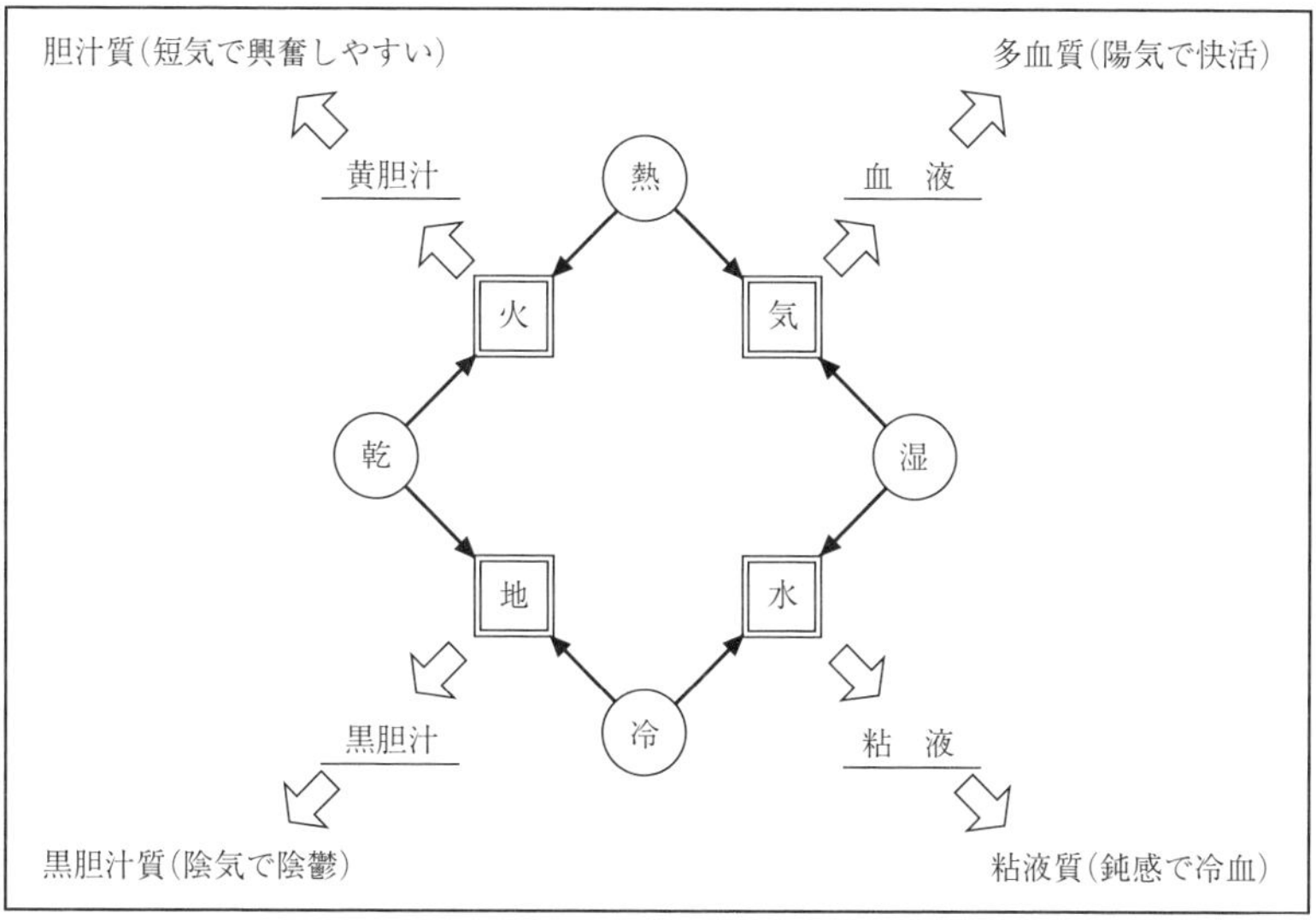

図 7-1　四大と四体液

四大(すなわち火・地・水・気の 4 エレメント)は，いずれも，熱・冷，乾・湿の対立的な基本性質のうちの二つが結合することによって構成される．たとえば，火は熱と乾の結合，水は湿と冷の結合である．四大には四体液が対応しており，人間には四つの体質＝気質が備わる．そして，これらの要素と体液のバランスで，身体の具合や性向が決まり，バランスが崩れると病理現象が生じると考えられていた．

ールが、その最後の作品『病は気から』(一六七三年)で皮肉ったように、医者はもっともらしい見立てをラテン語でやっておけばよかったのである。たしかに解剖学的な知見の進歩などはあったものの、一七世紀まで病への対応はおおむねそのようなものであった。

　フランスや地中海圏では、エクスヴォト(奉納絵馬)が教会などで見られる。それらは、日本とは描かれている絵は違うものの、家族の繁栄や事故防止、無病息災や病気治癒の願《がん》がかけられた点では、共通している。ヨーロッパにおける中世以来の聖人崇拝、マリア信仰の根強さは、こうした願かけと結びついていた。単なる迷信、などと見なしてはいけない。その根底には、厳しい生存条件のなかでの、超自然の力や自然の力にたいする畏敬の念があったことを見落としてはならない。

近代西洋医学と身体

近代的な西洋医学は、一七世紀の科学革命や、心身二元論的な考えを受けて徐々に形成されてくるが、一七世紀や一八世紀に国家による医師の認定制度化が進行したわりには、有効なものにはならなかった。一八世紀末から、人痘ではなしに牛痘による天然痘予防の種痘を考案した、イギリスの医師ジェンナー（一七四九～一八二三）のような例外はあった。しかし全体に西洋医学が有効性を発揮しだすのは、一九世紀なかばにフランスのパストゥ

図 7-2　南フランスのエクスヴォット（Bernard Cousin, *Ex-Voto de Provence*, Paris, 1981, より引用）
1825 年にマルティーグの聖母教会に奉納された，海難事故防止を祈願する絵馬．左上には，この教会の守護聖人である「慈悲の聖母マリア」が描かれ，右上には，奉納者ジョゼフ・アンドレ・ブレストの守護聖人である聖ジョゼフが描かれている．

図 7-3　日本の奉納絵馬（筆者撮影）
大分県の宇佐神宮に奉納された家族安泰祈願の絵馬．

ール（一八二二～九五）によって細菌の発見と殺菌法の開発がなされ、つづいてドイツのコッホ（一八四三～一九一〇）らによる病原菌の特定が進んだのちのことである。

それによってすべての病気の原因が特定できたわけではないが、医学は学問技術の最先端の位置を確保するようになる。一八世紀のまだ有効性が十分ではなかった時代に、すでに西洋医学は社会衛生の言説をもって、社会秩序の守り手としての姿を現わしていた。さらに有効性で武装した医学は、いよいよ衛生と秩序の言説でもって現実に関与してゆくようになる。

一九世紀のヨーロッパでは、おりからの都市への人口集中によって、民衆階層の居住条件や労働条件の劣悪さが、貧困と同時に大問題になっていた。一九世紀末までには上下水道など都市の衛生にかんする設備もかなり好転はするが、今度は個々人のモラルへの働きかけが、衛生観念の教育やアルコール中毒撲滅運動のような形で強められていった。他方、民間医療の伝統を保っていた農村地域には、それらを批判して近代西洋医学の考え方に馴染ませてゆく動きが展開していった。

こうしたなかで、近代西洋医学の進歩は、たしかに病気の治療や予防を前進させ、衛生の改善とあいまって、人びとの生存の可能性を伸ばしてきた。平均寿命は、二〇世紀を通じて驚異的な伸びを示していった。しかし他方、その考え方は、病気を人の心とか身体感覚とは切り離して、いわば機械の故障を直すように治療しようという思考法の拡大にもつながった。そうした展開は、衛生観念の強調が潔癖症を生み出したり、あるいは、病気や身体そのものが当事者本人の制御から離れて専門家にゆだねられてしまうなかで、本人のストレスをかえって増大させる結果にもつながっていった。

そうした状況への反省にたって、現在では西洋医学の内部でも、心身二元論で割り切ってしまうのではなく、心身症やプラシーボ（にせ薬）効果に端的に示されるような、心身の相関性についての見直しが進められるようになってきた。また、機能的な合理性とは異なる象徴的な合理性の重要さについて、関心も起こっているが、それは、生理学的、病理学的にのみ病気を扱うことの不十分さが、あらためて気づかれた結果である。

三　社会が共同で引き受ける死

生と死の多様な捉え方

いままでの人類の歴史のなかで、人びとはどのように生まれ、一生を送り、死を迎えたのか。死がどのように経験され、社会のなかに位置づけられていたのか。これらは、世界各地の社会によって、ある点では共通し、またある点ではまったく異なっている。

「しろかねも　くがねも玉も　何せむに　まされる宝　子にしかめやも」

万葉の歌人であった山上憶良《やまのうえのおくら》の歌のように、子供を慈しむ親の気持ちは多くのところで共通しているかもしれない。しかし、おなじ社会であっても、たとえば乳幼児死亡率がきわめて高く、したがって赤ちゃんが死ぬことが珍しくない状況と、逆に死の危険が少なく少産少死型を示す状態とでは、子供にたいする感覚や、その育て方に大きな違いが認められるとしても、不思議ではない。

近親の者が他界すれば、多くの場合、それは悲しみをもって受けとめられる。しかし人びとがその悲しみをどのように表現し、また社会が死をどのように受けとめ、弔うのかについては、それぞれの社会が形成してきた文

図 7-4　最後の審判（アリエス『図説 死の文化史』日本エディタースクール出版部，1990 年，より引用）
ヨーロッパでは，教会の彫刻や木版の絵などで，生と死をめぐる教会や知識人のメッセージが伝えられた．この彫刻は，フランスのブールジュ大聖堂の正面入口上に，13 世紀に作られたもの．中央のキリストの足元で，大天使ミカエルが人びとの生前の善行と悪行とをはかりにかけ，救済される者と地獄に堕ちる者とをふりわけている．最下段で死者たちがいっせいに復活しているように，この彫刻では，最後の審判は人類全体に同時に下されている．ところが 15 世紀の木版画の方では，最後の審判は個人の死の床で，その人の死の瞬間に下されるように描かれている．この版画の死者は救いがあたえられ，右下の悪魔が転落している．

化によって、大きく異なってくる。現在の世界各地でも、宗教や歴史的な文化の違いによって、火葬や土葬、鳥葬、そして儀礼のあり方も内輪であったり、社会全体であったり、まことに多様である。同一の社会であっても、歴史を通じて生死観に大きな変化がなかったのかといえば、そうとはいえない。

多様な史資料の探索

生死観にかかわる人びとの心のあり方について探究するには、どのような史資料がありえるのだろうか。

有名無名にかかわらず、宗教者や思想家が生と死についての省察を書き残すことは、洋の東西を問わずよくみられる。いやむしろ、そうして書き残したからこそ、それらの人びとが宗教者とか思想家といわれるのである。それらの省察の記録は、もちろんたいせつで

図 7-5　社会的儀礼としての葬儀（アリエス『図説 死の文化史』より引用）
1878 年にユリッス・ビュタンが描いた「ある漁師の葬儀」．社会的名士や支配者でなくても，葬送の儀礼は社会的に支えられたものであり，子供たちもそこから遠ざけられてはいなかった．他界した漁師の家の戸口に，外部からお参りできるように棺が置かれているようすが分かる．このあと出棺して教会で葬儀ののち，教区墓地に葬られたであろうと推察される．通りの下の方(図の中央奥)でも，人びとが家の前に出て，教会と墓地へ運ばれる棺を見送る準備をしている．中央の男たちは，おそらく棺をかつぐ役割のコンフレリー(信心会)の仲間であろう．

ある。しかしまた、彼らの言説が同時代の実際の状況を踏まえていたとしても、それだけでは現実のあり方を推し量るのは困難である。

したがって、ある社会の支配層や知識人だけでなく、より一般の多くの人たちの心を捉えようとすれば、さまざまな図像であるとか、実際の墓や埋葬の様相であるとか、民俗学が収集してきたデータなどが、書き記された文献史料と同等に重要なものとなってくる。次章でも触れるつもりだが、ヨーロッパの社会によっては、市民階層の人びとが書き残した遺言書が、多数参照されることによって、ある時代の宗教的感性の変化にかんする重要な解釈がみちびかれたこともある。

民俗学的な調査研究は、一九世紀を通じてヨーロッパ各地でさかんになっていった。おもに農村を中心として、民間に伝わる生活慣行と祭礼、民話などの伝承を、それぞれの現地で調査し、記録にとどめたのである。日本でも柳田國男《やなぎたくにお》(一八七五〜一九六二)をはじめとして、二〇世紀はじめから民俗学者によって調査と記録が蓄積されていった。

たしかにそれらの記録を使うには、注意が必要である。とくに一九世紀から二〇世紀前半においては、調査者の基本的な視線は、社会の変化から取り残されたと見なされる事象、あるいは、すぐには理解のむずかしい不思議な事象に向けられていることが多かった。しかもそれらは、ヨーロッパの場合にはケルトとかゲルマンといった、それぞれの社会の起源に結びつけようとする姿勢とも結びついていた。そうした関心や観点に沿うようなデータが、優先的に記録されていた可能性は高い。したがって、それらのデータを利用しようとするならば、それらのデータ自体が残された時代の歴史的な脈絡をつかみ、調査者の立場を理解したうえで、慎重に接する必要がある。それでもなお、それらの民間慣行や伝承の記録は、ほかに類例が少ないだけに貴重であることに変わりはない。

そうした記録によれば、一九世紀から二〇世紀前半にいたるまで、かなりのところで、身近に起こった死への向き合い方は、社会集団によって引き受けられるような形で対応されていた。もちろん、その社会集団の性格や範囲は、地域によっても時期によっても大きく異なっていたのであるが、少なくとも農村部においては、村落社会が共同で死を引き受ける場合がふつうにみられたのである。

四　共同的な生のあり方

鐘の精神

一九世紀になるまでヨーロッパでは一般に、王侯貴族や有力者を除けば人びとは、個人墓や家族墓をもっていない。教区教会の共同墓地に埋葬され、その教区墓地が一杯になってくると、あとの人たちの場所を作るために遺骨は掘り起こされ、共同の納骨堂に安置された。人は、教区の共同体に生まれ、そこで生き、共同体の聖なる空間である教区墓地に埋葬されることで納得したのである。

いうまでもなく、死を前にしたときだけ人びとが共同で対応したわけではない。生のあり方そのものが、共同的なものであった。厳しい生存条件の克服という課題が、そこでは共有されていたのだ、といってよいであろう。近代的な個という意識を人びとが持つようになると、こうした共同的な状態には息苦しさが感じられるようにもなるのであるが、生きるためには共同的であらざるをえない状況は、人類の歴史においては圧倒的に長い期間にわたって存在した。

中世において教会によって教区が組織されて以降ヨーロッパでは、このような共同的な生を象徴する表現が「鐘の精神」であった。つまり、教区教会の鐘の音が聞こえる範囲が、そこに生きる人びとの共同の空間であり、嵐や火事のような危険や、結婚や死の知らせは、それぞれ鐘の音によって人びとに知らされた。鐘の音を聞き分けることによって、情報が共有されるものとなったのである。ミレーの「晩鐘」の絵を想い浮かべてもらえばよい。一九世紀なかばのフランスの農村で、遠くに見える村の教会の鐘が鳴って、畑で若い農民夫婦が宵の祈りを捧げている。それは、いっせいに畑仕事を終えて引きあげるしるしでもあった。

一年のサイクルと一生のサイクル

一年の時のはかどりは、四季の変化や祭礼の暦、あるいは農事暦のような仕事の手順で円環的に捉えられ、折々の催しごとでは、共同的な社会集団の構成員がみなで支えあうのが通常であった。

人びとの一生も、単独の個人のものというよりも、それぞれの年齢段階と社会的位置に応じて、一つの状態から次のそれへと社会集団のなかで移行するものとしてあり、その移行にあたっては、社会に認知されるための通過儀礼が存在していた。

たとえば、未婚から既婚への位置の移行をしるす婚礼は、現代人にも分かりやすい典型的な事例である。また、子供の誕生もそうであった。近代化が進んだ一九世紀のヨーロッパでも、乳児死亡率は依然として高く、千人あたり一五〇を超える年も珍しくなかった。そのような状態もあって、家族や社会の連続性の保証である子供の誕生は、多くの配慮や懸念に包まれたものであった。カトリックの世界では、母親の胎内から生まれ出ただけでは、まだ完全に誕生したものとは見なされなかった。教会で洗礼を受けさせ、名付けることによって、はじめて社会的に誕生が認知されたから、洗礼式は重要な通過儀礼だったのである。

かつて教会での乳児洗礼は、生誕後数日のうちにおこなわれるのがふつうであった。生まれて間もない乳児を教会に連れて行くのは危険を伴う行為だから、近代西洋医学が普及するにつれて、とくに医師たちは、洗礼を先に延ばすよう促した。しかしながらそうした働きかけは、すぐには効を奏さなかったようである。というのも、なぜそのような早期の乳児洗礼がおこなわれていたのかといえば、洗礼を受ける前に死んでしまうと、その子の霊は救われずに宙をさ迷わなければならない、という信心があったからなのである。

象徴的な意味と現実的な意味

生まれて間もない乳児の洗礼には、産後間もない母親は同道できない。出産は社会的に重要な出来事であったが、おそらくは流される血のゆえに、母親は一種の穢れを帯びると見なされ、出産前後には一時的なタブーに囲まれた。すでに触れたように、産後の清めの儀式がおこなわれるまでは、外出も控えるのが一般的であった。それによって、穢れとタブーという呪術的な意味づけのもとに、現実には産後の母体の保護がなされていたとも解釈できるであろう。

洗礼において大きな役割を演じるのは、出産を仕切った産婆と、名付け親にあたる代父、代母である。産科病院などない社会では、子供が生まれるその地域の、すでに出産を経験した女性、つまり既婚の女性たちが協力して出産を支えていた。洗礼式における代父、代母は、たんに名付け親というだけでなく、その子の両親に不幸があったときには親代わりになる後見役でもあった。したがって、誰でもよいのではなくて、その選び方にも一定の約束事が伴われていた。子供の誕生はたいへん重視されていただけに、さまざまな儀礼的行動や約束事によって、注意が喚起されていたのである。

そのような儀礼的行動や約束事に、ヨーロッパであればキリスト教的な考え方が反映していたのは、当然であった。しかし同時にまた、生命にかんするもっと原初的ともいえる祈りの気持ちや、まじないを伴う呪術的ともいえる信心が、深く浸透していたのもたしかである。そのような象徴的な意味が、それらには含まれていた。ときには早期洗礼のように、近代的な合理性からいえば有害なこともありえたが、他方また、出産前後のタブーのように、予防や処方としての現実的な意味を見出すことができる事例も多いのである。こうした象徴的な意味と現実的な意味とが、あいともなって認められる例は、もちろんヨーロッパだけではない。

8 宗教と信心のあり方

一 歴史研究における宗教への問い

人類の歴史と「宗教」

ここまでの章において、宗教や宗教的要素にかんする言及が、すでにあちこちに散在していることに、みなさんはお気づきだろう。私の場合には、「はじめに」でも記したように、フランス史を中心としてヨーロッパ近代を問う歴史研究を軸にしてきたこともあり、本書におけるそれらへの言及は、いきおいヨーロッパの事例、したがってキリスト教が支配的であった社会を前提にした事例の記述が、多くを占めている。それらは事例として述べているのであって、キリスト教を価値の中心においているからではない。

いずれの社会においても、いずれの時代においても、人は、個別の生身の存在としてはじつにひ弱なものである。類的存在としての存亡をかけた社会形成のなかで、人は人類として存続してきたのであるが、いかに科学技術が進歩して多様な事象にかんする理解や意図的関与が進んだとしても、森羅万象あらゆることに精通し尽くすことはありえないし、ましてそれらを制御することもありえないであろう。地震や火山の噴火、旱魃や悪天候などを想い浮かべればよいが、激烈な自然現象が生じれば、繁栄や進歩を謳歌する人間の営みなどいっぺんに吹き飛んでしまっても、おかしくはないのが現実である。

他方で人は、目の前に存在するもの以外の事物を想起し、物語を構築する想像力を長い経験のなかで身につけた、おそらくは唯一の生命体であろう。こうしたなかで、世界と自分の存在を理解ないし了解する「様式」の一つとして「宗教」を考えることができるのではないか、と私には思われる。人の生存と存続にとっての諸条件は、時代や社会のおかれた環境や状況に応じてじつに多様であるから、そうした「様式」もまた多様であって不思議はないと考えて、私は歴史の研究考察に携わってきた。

一九世紀から二〇世紀にかけて、合理的思考の発展によって一種の「脱魔術化」とでもいう歴史過程が進むことで近代社会の形成が現実化してゆくのだ、という考え方が現われたこともある。しかし科学技術の発展は、いま述べたように森羅万象を解明し尽くすわけではないし、専門化の過剰なほどの進行をもたらし、むしろ人は自分では了解できない、あるいは制御不能な社会状況に適応しつつ、生きていかざるをえないことになる。自律性を失う危険が増す一方、他律的に生かされてしまう度合いは深まってゆく。そうしたなかで、世界と自分の存在を了解する様式の一つとして、宗教ないし宗教的な想念は、姿を消すことはない。歴史とともに、宗教ないし信心は、人間社会の一要素として存在しつづけていまの世界がある。

各自が興味をもって取り組もうとする、それぞれの時代や社会について、たとえば前章の図7-2や7-3で例示した「奉納絵馬」のように、類似の事例はないか、具象的な切り口の一つとして調べてみるのもよいかもしれない。人びとが暮らしを送るうえで、心から想う願望や祈りを、絵などの表象として示したものがないか。もちろん、文章として記されたものでもよいのであるが、人びとの祈りや信心のありようを想定させるような史資料が残されていないか、ということである。

たとえば、ミシェル・ヴォヴェル（一九三三～二〇一八）は、一八世紀の南フランスにおいて多く残された遺言書を史料にして、死後の追悼ミサや教会への遺贈など、人びとがみずからの死後への対応として、どのような扱いを望んでどのように記していたか、それが年代を追ってどう変化したかを追跡する研究をしている。それを通じて、人びとの教会との関係や信仰のあり方の歴史的変化を、探ろうとしたのである。

別の例をあげてみよう。生命の存続にとってなくてはならない要素である水をめぐる信心や、清らかな水が湧き出る泉の「聖地」としての崇拝、あるいは聖水信仰といった現象は、異なる宗教を基盤とした異文化圏といってよい諸地域で、しばしば認識できるところである。図3-7で例示したように、キリスト教化が進んでいったヨーロッパの地でも、こうした、素朴ではあるが切実な人びとの願いと結びついた信心は、永らく維持されていたのであった。

こうした比較や対照は、異文化間や異宗教間での検討でもありうるし、同一文化圏内や同一宗教圏内での地域間や、社会階層間の比較ということでもありうるであろう。第12章でまた取り上げるが、比較という研究と思考の作業は、歴史における宗教や信心をめぐる研究と考察の場合にも、とても大切である。

「宗教」の多様性

歴史研究には「宗教史」という専門分野があるが、その展開は、欧米における宗教学や宗教社会学という学問の成立・展開と相伴うものであったと思われる。私は門外漢であるが、これは主として一九世紀以降に生じたことである。それ以前のヨーロッパでは、カトリック、プロテスタント諸派、あるいはギリシア正教など、キリスト教のそれぞれの教義上の立場からする教会史、教説や諸制度の歴史、あるいは布教の歴史などへの関心が、主だったのではないか。修道院や修道会の場合も含め、教会の枠組みを前提とした歴史への探究が中心であったであろう。

キリスト教とかユダヤ教、イスラームという、東地中海域からアラビア半島にかけての一帯に起源をもつ一神教や、他方それらの地にも存在したさまざまな多神教、さらには仏教、ヒンドゥー教、儒教や道教などとして括られる、独自の様式における世界理解を示したアジア発祥のもの、さらに加えて、いわゆる諸種の新興宗教までを含めて、日本で「宗教」という言葉のもとに、多様なそれらが一括されて学問上の認識対象とされるようになったのも明治以降、欧米における宗教学や比較宗教学を学び取ったのちのことである。ドイツ留学から帰国した姉崎正治《あねさきまさはる》(一八七三～一九四九)が、東京帝国大学に宗教学講座を開設したのは、明治も末に近い一九〇五年であった。

比較宗教学の考察からは、「世界宗教」と「民族宗教」という対比的分類をはじめ、さまざまな類型化が提起されてきたようであるが、これを捉え返せば、「宗教」という括りで問題とされる対象は、じつに多様な内実をもっているということにほかならない。たとえば日本の場合には、そもそも多様な神話的世界観を含みもつ神道各派にせよ、仏教の系列に属する諸宗派にせよ、はたまた一六世紀から布教され始めたカトリックのキリスト教にせよ、歴史上それぞれの宗教者が形成していた世界観(現世と来世の双方にかかわる想念)と、庶民が生活のなかで抱いていた八百万の神々に近い信心の世界とで、それぞれが食い違いをもちながら、複雑に並存して接していたように思えるが、どうであろうか。

もちろんそのありようは、時代的に変遷したのであるが、日本列島においては、さまざまな土着的な信心の世界を含めて、宗教はつねに多元的なあり方をしていた、ないしは宗教的な寛容の度合いが高かった、あるいは、そもそも混淆的な要素を含みもった信心の世界が息づいてきた、ともいえそうである。

そうした世界とは対極をなすのが、厳格な教義をもつ一神教の世界といってよいであろう。しかし、一神教の世界にあっても、宗教者ではなく、普通の庶民が生活とともに日常的に抱いていた信心ということになると、それぞれの時代に即して、ある種の自然崇拝とも共通するような「素朴」と形容される要素を含めて、複雑な側面をはらんでいたことは想像に難くない。そうであるからこそ宗教者ないし聖職者たちは、人びとへの正しい信仰の指導を絶えず進めようとし、教義からの逸脱が極端と見なされたときには、懲罰や異端審問の対象としたのであった。ときには、おなじ宗教者や聖職者の内部からも、神秘主義などとして括られるような独自の信仰の展開を示す人物や動きが、生じることもあったのである。

二　フランスにおける研究動向の事例から

二〇世紀後半の現実の変化と歴史的な問いの変化

宗教史研究における変化、ないし歴史研究における宗教的な要素にかんする問いのあり方の変化、という点で、現代フランスに見られた動向を、一例として示してみよう。この第二節は、フランスでアナール学派の歴史家たちが中心になって一九七八年に刊行した『新しい歴史学』と題された歴史事典のなかに、ドミニーク・ジュリアという歴史家が執筆した項目を参考にして、私なりに説明を補ってまとめ返したものである。

ジュリアによれば、現代歴史学における宗教への問いのあり方も研究方法も、一九五〇年代末、とくに六〇年代から大きく変化していった。その変化には、相互に関連するいくつかの要素がかかわっていた。

一つは、教会の立場からする、多くは聖職者による一般向けの歴史書、キリスト教的な観点にたった歴史書が、この時期からほとんど書かれなくなったことである。広い意味での宗教史研究は、たとえその研究者がカトリックやプロテスタントの熱心な信者であったとしても、教会の立場や布教の観点からではなしに、現代歴史学の方法的基準と問題意識に沿ってなされる、学問上の記述となった。

フランスの場合には、一八世紀末までの旧王政下には、カトリック教会と王権との結びつきは、政治統治のうえでも社会統合の点でも堅固であった。それもあって、「信教の自由」をうたったフランス革命下には、一部で激しい反教会運動が起こり、教会資産の破壊などを含めて展開した。革命派の側につき、信教の自由にもとづいたあらたな教会のあり方を推進しようとしたカトリック聖職者グレゴワール師は、こうした民衆による破壊行為を「ヴァンダリスム」だとして非難、止めるよう説いた。古代ローマ帝国期のヴァンダル族のように破壊的で野蛮だ、という名づけである。

革命の終息後、ナポレオン支配の時代以降、一九世紀を通してフランスにおける正統的な地位を回復したカトリック教会は、一貫して政治や社会への影響力を回復、保持しようと動き、これにたいしては反教権主義者たちが激しく対立することになる。二〇世紀に入っても、教会と国家政治の関係は大きな課題として存続した。これについては、このあとの第三節で検討することにしよう。

フランスのような、カトリック教会が宗教的には圧倒的な優位にありつづけてきた社会においては、一九六〇年代前半に開催された第二ヴァチカン公会議(教会会議)によるあらたな方向性の決定は、少なからぬ影響をもたらした。ミサにおけるラテン語ではない日常語の使用、正教との和解、プロテスタントやユダヤ教への寛容など、急速に変容しつつある世界にたいするカトリック教会の現代的適応とでもいえる決定である。それらは、歴史学における宗教にかんする問いのありようの変化とも、無関係ではなかったようである。

また、ちょうど同時期から、現代歴史学も本格的に変化を進めつつあった。過去の問題を捉えるにあたって、その社会内部を多様な階層ないし集団から構成されるものとして、それぞれの特徴と相互の関係性を問う姿勢は、当然のものとなっていた。同一社会内の諸階層や諸集団が、一色では塗りつぶせない文化的な独自性をもち、それぞれに異なる「文化資本」を蓄積していたことも明らかにされつつあり、そこに看取される心的な世界のあり方、フランス語でいうマンタリテ(心性)の研究も、さまざまな角度からなされるようになっていた。そうなれば、歴史における人びとの信心のあり方も、その時代の教会の言説を見ていただけでは、およそ捉えがたい領域であることは明らかとなる。

他方でフランスでは、宗教社会学者ガブリエル・ル・ブラス(一八九一〜一九七〇)の研究で有名なように、現在の信仰のあり方を、信者による日曜ミサや宗教儀式への参加状況の地域分布で調べてみるという調査、すなわち、支持党派の地域分布を調べる政治地理学を応用したような研究が、一九三〇年代から本格的に進められていた。その蓄積によって、熱心なカトリック地域と、熱心ではない地域、プロテスタントが浸透している地域、といった具合に、いわば宗教的分布とその時代的変化を追究したのである。

そのための研究資料とされたのは、司教区の教会内部資料であったが、当初それらは、教会関係者にしか開放されていなかったという。この種の研究が、熱心な宗教実践の後退という、カトリック教会からすれば危機と見なされるような現実を背景にしていたことと、関係していた可能性もある。さらに教会が危機を認識した一九五〇年代後半からは、資料の参照が歴史研究者一般にも許可されていったことによって、こうした研究は大幅に歩を進めだすことになる。

歴史人類学的な研究の広がり

宗教史研究の変化にたいするもう一つのインパクトは、人類学ないし民族学からのものであった。すでに前章で触れたところであるが、フランスでは一九世紀後半から、さまざまな潮流の民間伝承研究や民俗調査研究が本格的に興隆しはじめた。イギリスやドイツなど、他のヨーロッパ諸国とも同様の「フォークロア研究」である。

フランスにおけるそれら民俗調査研究は、ほぼ同時に多様な傾向を示しながら展開しだした人類学や民族学、ないし民族誌学とも関係をもちながら進められていた。さらに二〇世紀に入ると、こうした研究は、都市化や大衆化に代表される近代化過程が各地を巻き込んで進行する社会的変貌を眼前にして、いま調査研究を進めなければ調査対象自体が消滅してしまう危険がある、という危機意識を伴って展開した。

この研究展開は、二〇世紀後半になると、フランス民族学研究という旗印のもとに進められるようになった。すなわち、フランス社会における多様な地域と階層の、それぞれの意識と行動とを対象化した民族学的な研究と位置づけられたのである。そこでは、宗教をめぐる諸々のことがらも、民族学的ないし人類学的な研究考察の対象とされ、かつてのフランスに息づいていた民間慣行や、信心にかんする諸事象も、そうした位置づけのなかで研究されることになった。

分かりやすい例をあげてみよう。たとえば、一七世紀に対抗宗教改革の厳格な推進を唱えたシャルトルの聖職者チエールが著した有名な『迷信論』(一六七九年刊)も、この時期から改めて着目されることになった。ただしそれは、著者チエール本来の目的であった、民間に存在した誤った信心行為を告発し矯正するためのものとしてではなく、当時の民衆の信心の具体的あり方を読み取るための有力な手がかりとなる記述史料として、再評価されることになったのである。このような史料の活用の仕方、ないし再史料化とでもいえるような捉え方の転換が、さまざまにこころみられはじめたのである。

ここで対抗宗教改革というのは、一五一七年にルターによって出された教皇庁批判の提言以来、一六世紀から展開したルター派やカルヴァン派といったいわゆるプロテスタント教会のあらたな組織化に対抗して、ローマ教皇庁が強力に推進していったカトリック側での改革のことを指す。そこで定められた内容が、上述した第二ヴァチカン公会議に至るまで、カトリック信仰の基本とされたので、教会史のうえでも重視される動きである。

一六世紀後半から一七世紀において、カトリック教会もまた、教義や儀式の見直しや再確認、布教の強化を進め、世界各地に宣教師を派遣したが、同時にヨーロッパ内部でも改めて布教の立て直しを推進した。チエールによる『迷信論』は、このカトリック改革の精神に立って、誤謬や迷信を正すためのものであったが、のちから見ればそこには、民衆の生活世界における彼らなりの信仰のあり方が映し出されることになっていた。そういうものとして、読み直されることになったのである。

また、フランスに限らずだが、さまざまな要素が、歴史的過去の宗教性にかんする材料として、あらためて研究考察の対象とされるようになった。たとえば、信心会や同胞団として括られる各種の信仰団体や、教会の信者組織のあり方が着目されるようになった。あるいは巡礼という、地域内でのものもあればサンチアゴ・デ・コンポステラなどの遠隔の聖地を目指すものもあった旅する行為、さらには多様な聖人崇拝や聖遺物崇拝、教会堂の建立や改修など、信仰に関係するこういった事例をはじめ、一七世紀ともなると行商が売り歩いた暦や書物形式の読み物、各種の祭礼などの年間行事、人の一生にそった宗教儀礼などに至るまで、である。そして、こうした多様なことがらに示されている民衆の信仰ないし信心を、「民衆宗教 religion populaire」として位置づけ解釈する研究も、打ち出されることとなる。

教会の立場から迷信や俗信として片づけるのではなく、民衆諸階層における独自の信仰世界として位置づけようとする研究は、その後さまざまに展開してゆく。しかし他方で、それらを「民衆宗教」として位置づける観点もまた、批判的検討を招くことになる。こうした信心の世界にある種の一体性を見出そうとする議論は、今では失われてしまった民衆的世界へのノスタルジーから、過剰な読み込みをしているのではないか、といった批判である。

かつて一九世紀フランスにおいては、キリスト教的要素を取り込みながら、教会が説くキリスト教とは距離を保って存在していると見なされた民間伝承や民間慣行には、ケルト的起源が求められたことがあった。いわば国家社会のルーツ探求の一環である。ドイツの場合にはゲルマンに起源が求められたのにたいし、フランスの場合にはケルトに求められ、「われらが祖先、ガリア人」と表現された。

そのような、一九世紀におけるナショナリズム興隆とも関係していた起源探しとは、もちろん現代の歴史研究は立場が違う。しかし民衆的な世界の独自な一体的存在を強調することよりも、むしろカトリック教会という支配的であった傾向とのやりとりのなかで、民衆階層の生活世界自体を多様な相互交渉の場として考察することがより適切ではないか、という意見もありうる。

ここはなにか結論めいたことを提示する場ではないが、押さえておきたいのは、歴史における宗教や生活世界のあり方をめぐる問いの変化と、その研究展開のなかで、そうした歴史理解にかんする方法的な議論が活発に生じること自体が重要だった、ということである。

三　宗教と社会と政治

「ライシテ」の原則、あるいは政教分離と信教の自由

信心や信仰は、個人にとっては、どのように世界を了解して、いかに生きるかということ、すなわち内面にかかわる問題なわけだが、同時にそれは、社会のあり方をどのように捉えるのか、現実の動向とどう向き合うのかに直結している。宗教は、さまざまな様相において、社会や政治のあり方とも無縁ではなかったし、今も無縁ではない。

歴史的に振り返ってみれば、キリスト教やイスラームの場合に明瞭であるが、教会や聖職者というステイタスの確立、布教にもとづく信者の組織化は、社会の構成や統治にも大きな力をもつこととなった。宗教と国家・社会の結びつきが明瞭な場合には、「国家宗教」として位置づけられることもある。

古代ローマ帝国において、従来の多神教的世界のなかで、ユダヤ教から分離独立した初期には少数派の異端的存在であったキリスト教が、いかにして帝国の国家宗教とされるに至ったのかは、じつに多くの歴史家たちによって、研究と解釈の対象とされてきたテーマである。キリスト教やイスラームが国家宗教とされたのちに、そうした国家において、その他の多様な宗教や信教が、どのような扱いを受けたかは、これまた一様ではない。正統

派とは異なっていても存在が許された寛容な状態から、異教徒だとして弾圧される場合まで、さまざまな事態が、歴史的には析出できる。

現在でも、ある宗教や宗派を国家宗教として位置づけている国は存在し、その場合の他宗教や他宗派への対応は、一様ではない。他方で、一九世紀以降に成立してくる国民国家の少なからずは、「信教の自由」と「政教分離」を原則として、国民個々人がどのような信仰をもつかもたないかについて、国家として干渉することを禁じ、また特定の宗教を優遇することを禁じている。

その典型としてよくあげられるのが、フランス共和国である。第二次世界大戦後に定められたフランスの憲法には、一九四六年制定の「第四共和国憲法」と五八年制定の「第五共和国憲法」の二つがあるが、いずれも「フランスは一にして不可分の、ライックな、民主的で社会的な共和国である」という規定を掲げている。

このカタカナで記した形容詞「ライック」を名詞形にすると「ライシテ」となるが、この言葉の意味は「世俗性」とか「宗教や教会は関与しない」ということである。国家が「ライシテ」を原則とするということは、要するに国家は「政教分離」の徹底を原則とするという立場であり、特定の宗教や教会を優遇することはないし、「信教の自由」はすべての国民に保障される権利だ、ということの明言である。

このような原則は、日本国憲法のもとで同様の原則に立っているわれわれには、一見すると近代国家であれば自明とも思われるかもしれない。しかし歴史的にも、現在においても、ことはそれほどかんたんではない。

ライシテの原則と現実適用における困難

フランス共和国憲法において、ライシテの原則が冒頭に掲げられていることには、それなりの歴史的背景がある。すでに上述したが、フランスでは一八世紀末に革命が生じて信教の自由が「人権宣言」における重要項目として採択されるまでは、カトリック教会のキリスト教が国家宗教であった。国王の国家主権は「王権神授説」によって正当化されてきたからで、プロテスタントのキリスト教もユダヤ教も禁圧されていた。この状態を革命は否定し、基本的人権の重要項目として信教の自由を掲げ、プロテスタントやユダヤ教徒も自由な信仰を保障された。王権のもとで、非課税特権や十分の一税課税権をもって蓄積された教会の資産は革命下に没収され、その所領は国有地とされた。

ただし、カトリックの信仰それ自体を否定したのではなかった。カトリックの聖職者には革命への忠誠宣言が求められ、いわば公務員化されることとなった。なぜなら教区ごとに存在した教会が、王政以来、住民の生死や婚姻、教育などを担当し、その動向を把握し記録する役割を担っていたからである。そしてカトリックも他の信仰同様に、個々人が信ずる限りにおいては自由を保障されなければならない。

このような考え方を打ち出した革命が紆余曲折を経て頓挫したのち、一九世紀フランスではカトリック教会が社会や政治における権威として再構築された。すでに言及した通りである。この一九世紀のカトリック教会は、科学技術の進歩に代表されるような近代化には背をむけ、きわめて反動的といわざるをえないような頑迷な姿勢を変えないばかりか、むしろ強化する傾向すら示した。

それにたいして、国外のローマ教皇庁と結んだこうした教会の姿勢を「教権主義」と呼んで、教会による政治や社会への介入を排除して国民国家を確立しようとする人たち、主として共和主義者による「世俗化」の追求が、一九世紀後半、とくにフランス革命百周年前後から本格化してゆく。それが、ジュール・フェリー（一八三二〜九三）たちが推進して一八八〇年代前半に実現された「初等教育の無償・義務・世俗化」をはじめとする一連の政策である。それでも当時においては、なお強力な社会的・政治的勢力をカトリック教会は保持していた。それにたいする共和派からの決定的な攻撃が、一九〇五年に成立した「政教分離法」、すなわちライシテの原則であった。国家から教会に交付されてきた予算は全廃され、教会資産の調査、その資産の信者団体法人による管理への移行、といった措置が義務づけられた。調査を強行しようとする役人と警官隊が、教会聖職者や信徒と衝突する事態も頻発した。

ここで、国家と宗教をめぐる歴史的展開をさらに追うことは、課題ではない。関心をもたれた方は、伊達聖伸《だてきよのぶ》氏の新書をはじめ、ぜひとも関連書を参照していただきたい。「ライシテ」が、特定の宗教への国家予算の交付など、優遇の禁止をいう限りでは、信教の自由の原則とは矛盾しない。しかし、たとえば公的予算で運営される公立学校に、教員も生徒も、宗教の印を帯びて出校してはならない、それがライシテの原則だ、ということになると、伊達氏が指摘するように、状況によっては信教の自由とどこまで両立できるのかという問題も出てくる。実際に二〇世紀末からフランスでは、イスラームの慣習に倣ってスカーフを着用して授業に臨んだ女子生徒が、公立学校から排除されるという事態が生じた。

とくにグローバル化が進展するなかで、異なる宗教をもつ、ないし異なる宗派に立つ人びとが、社会的に隣接あるいは混在して、生活を営む状況が進行すればするほど、問題は複雑化しかねない。宗教の名をかたったテロ行為やヘイトスピーチなどは論外だが、異なる多様な内容をもつ宗教が衝突することなく共存するには、どのような考え方と行動が必要なのか、ことはかんたんではない。歴史における多様な宗教の並存や衝突の歴史をたどることは、現在から未来へ向けての重要で、しかしかんたんではない問いについての考察にも、つながっている。

このことは、もともとキリスト教圏であった現代国家について、いえるだけではない。末近浩太《すえちかこうた》氏の新書が示してくれているように、二〇世紀初頭のオスマン帝国崩壊後のいわゆる中東地域において、現在へと続く諸国家形成の過程についても、指摘されている。イスラーム主義といわれる傾向と、世俗主義といわれる傾向とが、たがいに対立しつつ、しかし「宗教か世俗か」という単純な二分法では整理しがたい現実を形づくってきた。そして今もまだ、政治と宗教の関係は、引きつづき現代中東諸国における「あるべき秩序」を模索する営みの、核心に位置しつづけているといわなければならないのである。

9 歴史人口学が拓いた地平

一 歴史人口学という学問

数の重さ

歴史的な過去の世界について何かを研究する場合に、いったいその時代にはどのくらいの数の人たちが暮らしていたのだろうか、という人口状況を知ることは、きわめて重要な前提になる。というのも、たとえば政治について考えるにしても、どれだけの相手にたいして、ある政策を適用しようとしていたのかによって、その政策のもっている意味が変わってくる可能性は大きいからである。食糧生産についてともなれば、どれだけの数の人間が消費者として存在していたのかによって、食糧が十分であるか不十分であるか、まったく意味が変わるだろうことは明らかである。

ところが、この数の把握がなかなか難題である。人口統計がかなりの正確さをもって取られるようになったのは、国によって時間的な前後はあるにしても、ほぼ一九世紀以降になってからといってよい。いわゆる国勢調査にあたる統計ができるようになるには、統計学自体の確立が待たれるからである。くわえて、国家がそれをほんとうに必要とし、調査を実現できるだけの行政的な仕組みや、財政的な用意ができていなければならなかったからである。

現在ですら、統計的な人口調査の信憑性は、国によってはあまり高くない。統計が取られるようになる以前の時代については、ではどうやって調査し、推計を出すのであろうか。人口全体の推計だけでなく、人口行動、すなわちどのように結婚して子供を産んだのか、人口動態、つまり死亡や出生の推移、婚姻の年齢や比率などについて、どのような研究の手続きが踏まれてきたのであろうか。歴史人口学は、まさにそれらを歴史的過去の社会について研究する学問として成立した。

歴史人口学の誕生

歴史人口学がまず発展したのは、第二次世界大戦直後のフランスであり、ついでイギリスであった。ここでいう人口学とか人口動態は、デモグラフィーという。すなわちデモス(民)についてのグラフィア(記述)ということであって、統計数値はそれを表わす一面ということになる。

フランスのアンシャン・レジーム(旧体制)といわれる一七、一八世紀の社会を研究していたピエール・グベール(一九一五〜二〇一二)は、ルイ一四世のような国王と宮廷社会だけでなく、その支配の対象であった農民たちの歴史を掘り起こすために、彼らの日常生活のあり方を探る史料として、教区ごとに司祭がつけていた記録簿に注目した。おなじころルイ・アンリ(一九一一〜九一)という人口学の研究者も、それぞれの社会による出生率の差をどう考えればよいのかについて、歴史的な検証をしてみようと、やはり教区の記録簿に着目していた。彼らの研究が先駆となって、歴史的な人口動態の研究が急速に展開しはじめた。

その展開は、当時の社会史的な研究への動きとも照応するものであった。政治支配層のみでなく、また社会や文化の指導的な人びとのみでなく、広く一般庶民の社会生活の現場から、歴史への問いを立ちあげていこうとする研究が、逆流できない流れのように推進されはじめていた時代である。

一方、現実のフランス社会では、他のヨーロッパ諸国に先駆けて一九世紀後半からすでに、総人口の伸び悩みと高齢化への趨勢がはじまっていた。人口をいかに増やすかは、政治的な議論の対象でありつづけていた。こうした現実の人口事情への関心が背景として重なって、フランスにおける国立人口学研究所を中心にした歴史人口学研究が発展したのである。

イギリスの場合には、やや事情は異なっている。ケンブリッジ大学に集う研究者たちが、ピーター・ラスレット(一九一五〜二〇〇一)ら何人かのメンバーを中心に研究者集団(ケンブリッジ・グループ)を形成して、統計以前の過去のイギリス社会について、各村落単位での人口動態や家族構成など、数量的な共同研究を展開していったのであった。

ケンブリッジ・グループが組織された動機の一つは、ラスレット自身が説明しているところによると、つぎのようである。かつて政治思想史の研究をしていて、いったいどのような人びとによって構成されている社会が問題だったのか分からずして、その同時代を論じた政治思想が分かるはずはない。そういう「われら失いし世界」についての、ある意味では素朴な疑問があったからであった。

同時にまた、ちょうどアメリカの社会学者タルコット・パーソンズ(一九〇二〜七九)による主張が、論議を呼んでいた。すなわち、工業化以前の社会は三世代同居型に代表されるような大家族で構成されていて、工業化の進展とともに核家族が広まったのだ、という主張がなされていたのである。それはいったいほんとうなのか、という検証が必要と見なされたためでもあった。

教区簿冊の活用

彼ら歴史人口学者が一様に着目した教区の記録簿、すなわち教区簿冊（パリッシュ・レジスター）とは、いったいどのようなものなのであろうか。カトリック教会では、教区という最小単位の地理的区分を基盤として、そのうえに教区の集合体としての司教区、さらに司教区を束ねる大司教区というように、階層的な組織が作られた。各教区には教区教会が建てられ、教区司祭が住民への布教や儀礼を担当した。おおまかにいって、村の教会が教区教会で、村の司祭が教区司祭である。ある程度の大きさをもった町以上だと、町の内部に複数の教区が組織された。このカトリックの組織形式は、カトリックから分離したイギリス国教会でも引き継がれていた。

国家行政の近代的な整備が進むまでは、これらの教区は、住民の動向を当局が把握するための重要な回路をなすものであった。司祭が、一種の行政的な役割を果たしていたのである。つまり司祭は、教区住民の動向として、出生直後の洗礼、結婚、葬儀が教区教会でおこなわれるたびに、その記録を台帳につけた。その台帳が、教区簿冊である。

この種の記録は、断片的に見てもあまり意味はないし、国家規模での政治や経済を論じるには、直接的な史料としては関係してこない。したがってそれまでは、ほとんど活用されていなかった。しかしグベールやアンリ、ケンブリッジ・グループを先駆けにして、史料として大量に扱われることによって、ふつうの人たちの出生や結婚のあり方、死をめぐる状況を明らかにする重要なデータ源として、研究上の位置を確立していったのである。

二　歴史人口学と家族復元法

人口動態の旧体制

第7章でも触れたように、かつて洗礼は、出生から数日後にはおこなわれていたので、ほぼこれを出生と同義

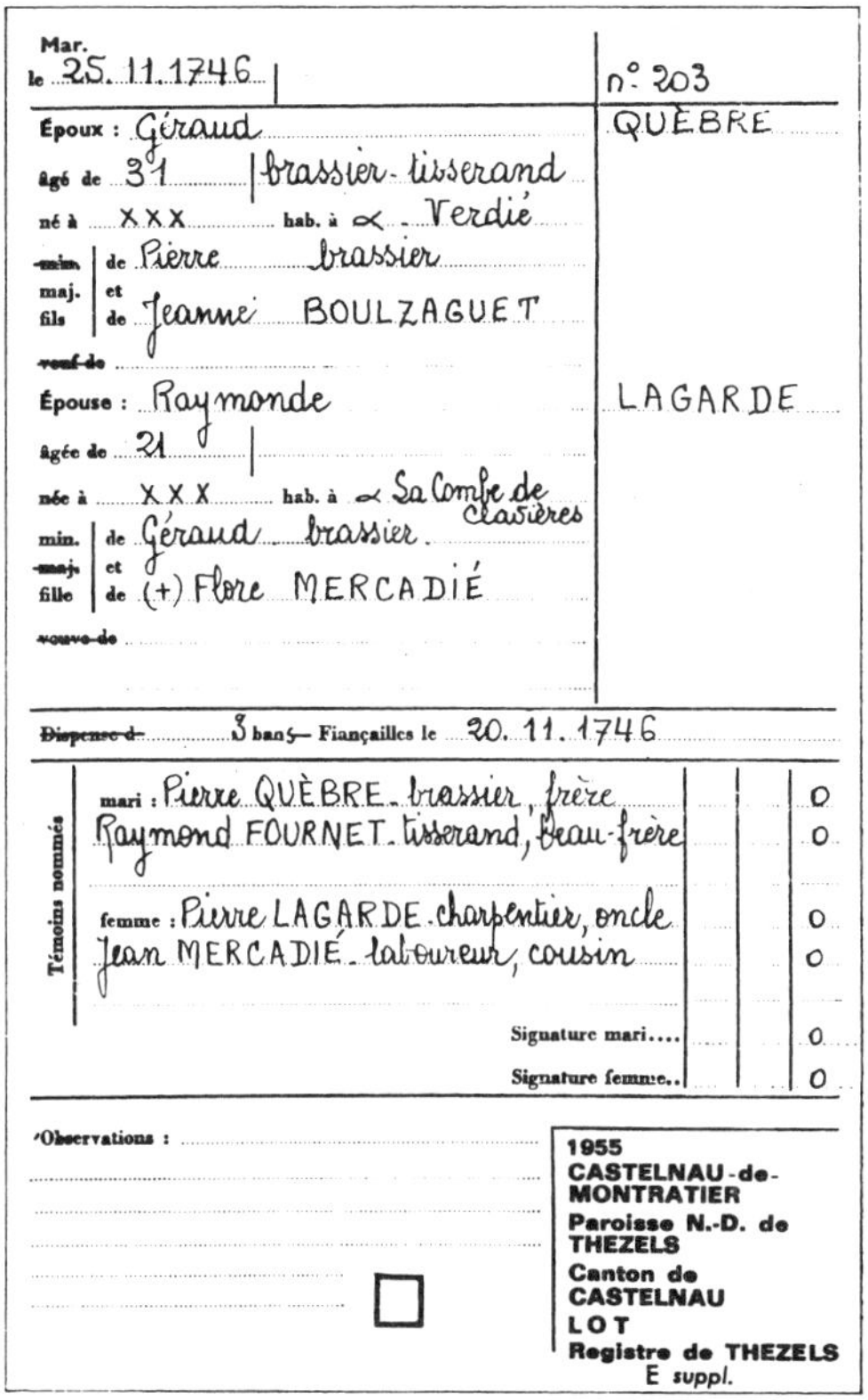
Mar.
le 25.11.1746 | n° 203
Époux : Géraud | QUÈBRE
âgé de 31 | brassier-tisserand
né à xxx hab. à ∝ Verdié
min. maj. fils de Pierre brassier
et de Jeanne BOULZAGUET
veuf de
Épouse : Raymonde | LAGARDE
âgée de 21
née à xxx hab. à ∝ Sa Combe de Clavières
min. maj. fille de Géraud brassier
et de (+) Flore MERCADIÉ
veuve de
Dispense d 3 bans Fiançailles le 20.11.1746
Témoins nommés
mari : Pierre QUÈBRE brassier, frère 0
Raymond FOURNET tisserand, beau-frère 0
femme : Pierre LAGARDE charpentier, oncle 0
Jean MERCADIÉ laboureur, cousin 0
Signature mari.... 0
Signature femme.. 0
Observations :
1955
CASTELNAU-de-MONTRATIER
Paroisse N.-D. de THEZELS
Canton de CASTELNAU
LOT
Registre de THEZELS
E suppl.

図 9-1　人口動態解明と家族復元のもとになる整理カード(Michel Fleury et Louis Henry, *Nouveau manuel de dépouillement et d'exploitation de l'état civil ancien*, Ed. de l'INED, 1985, より引用)

13.5×21 cm に統一されたカードは，洗礼，結婚，葬儀が簿冊に出てくるごとに必要項目が記入できるようになっている．これは結婚用のカードで，1746年11月25日にジロー・ケーブル(夫)とレーモンド・ラガルド(妻)が結婚したときに記載されていたデータが，書きこまれている．

に見なすことができる。教区簿冊を通じて歴史家は、年間を通じてどのくらいの出生があり、どのように死が人びとを襲っていたのかについて、正確につかむことができる。これを相当の期間について蓄積してゆけば、かなり確実性の高い数字によって、教区単位での人口動態のマクロな様相が把握できるようになる。

ただし、たまたま一つの教区について分かったとしても、それが他とも共通する代表的事例なのか、それとも例外的な事例なのか、判断はつかない。それだけでは全体のなかへの位置づけや解釈は困難である。したがって歴史人口学では、共同研究や分担研究が重要となった。フランスやイギリスでも、またその後に研究が進んだ国々でも、グループによる研究は大きな位置を占めてきた。コンピュータが実用化される以前においては、作業は整理カードにもとづく手仕事であったから、地道な辛抱強い取り組みが必要であった。

そうして蓄積された成果からは、たとえばフランスの場合でいえば、ほぼ一八世紀なかばを境にして、それ以前はしばしば死亡数が出生数を大きく上回る時期が見られ、以後になると死亡数が上回る期間は減少してゆくことが判明した。では、死亡数の上昇によって人口に抑制がかかる状態は、何によっていたのであろうか。それは、つまるところ戦争と疫病と飢饉のゆえであった。

かつて戦争は、工業化以後の殺人兵器による大量殺戮のような、人身への大被害をもたらすことはなかった。しかし畑を荒廃させて食糧生産に打撃をあたえ、さらには疫病を流行らせる事態をしばしば招いた。つまり直接の戦闘によるよりも、間接的に死亡数上昇の原因となった。

疫病のなかでは、ペストが一四世紀なかばの黒死病といわれた大流行以後も間欠的に流行り、多くの犠牲者をもたらした。チフスなどの流行も、栄養状態のよくなかった民衆層には、おなじような恐怖の的であった。また天候不順は、ひどい凶作をもたらすことがあり、それはただちに民衆層の飢饉につながった。直接的な餓死ではなくとも、栄養失調から病気による死亡の可能性を増大させたのである。

宮廷政治が洗練されていった絶対王政の旧体制は、他方において、戦争と疫病と飢饉によって人口増加の抑えられた状態であった。これは歴史人口学者によって、人口動態の旧体制、と呼ばれている状態にほかならない。一八世紀なかばになってやっと、フランスをはじめ西ヨーロッパの多くのところで、この旧体制からの脱却がはじまったのである。

家族復元法

教区簿冊に記録されている洗礼、結婚、葬儀は、じつはそれらが教区で起こった順に司祭によって記録された。個人別に記録されたオーストリアなどの例外はあったが、一般には現在の戸籍簿とは違って、個人別や所帯別に記録されていたわけではない。したがって歴史人口学では、これらの教区内での出来事の記録をもとに、個人カードを作成しなおして、その個人について洗礼から結婚、その人の子供の洗礼、そして死亡にいたるまでのさまざまなデータをつき合わせる必要があった。その結果を図9-2のように、夫婦とその子供からなる一覧表にして、家族の構成について復元してみる。それらを集積して、最終的に教区内のそれぞれの家族の全体像を復元するという、気の遠くなるような作業が進められていったのである。

図9-2は、ケンブリッジ・グループを代表する研究者の一人E・A・リグリィの『人口と歴史』から引用した、有名なコリトン村のウィリアム・ホアという靴職人の家族の事例である。よく眺めてほしい。有名といっても、コリトン村は歴史人口学による復元で有名になったのであって、そうでもなければ歴史のなかで無名のまま埋もれていた村にすぎない。

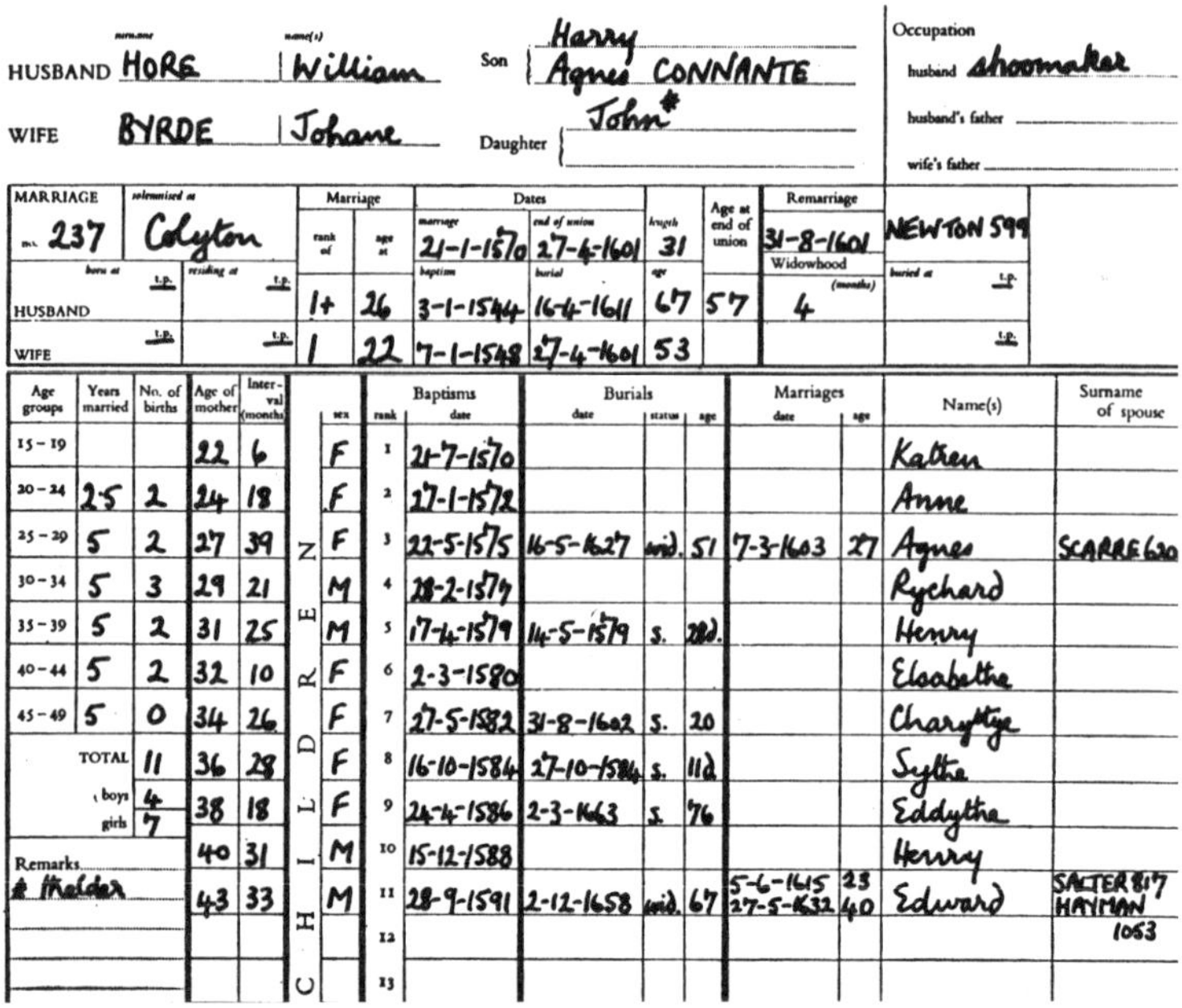

	surname	name(s)		
HUSBAND	HORE	William	Son	Harry
				Agnes CONNANTE
WIFE	BYRDE	Johane	Daughter	John*

Occupation: husband shoomaker; husband's father; wife's father

MARRIAGE	solemnized at	Marriage rank of	Marriage age at	Dates marriage / baptism	Dates end of union / burial	length / age	Age at end of union	Remarriage	
no. 237	Colyton			21-1-1570	27-4-1601	31		31-8-1601	NEWTON 599
HUSBAND		1+	26	3-1-1544	16-4-1611	67	57	Widowhood (months) 4	
WIFE		1	22	7-1-1548	27-4-1601	53			

Age groups	Years married	No. of births	Age of mother	Interval (months)		sex	rank	Baptisms date	Burials date	status	age	Marriages date	age	Name(s)	Surname of spouse
15–19			22	6	C	F	1	21-7-1570						Katren	
20–24	2.5	2	24	18	H	F	2	27-1-1572						Anne	
25–29	5	2	27	39	I	F	3	22-5-1575	16-5-1627	wid.	51	7-3-1603	27	Agnes	SCARRE 620
30–34	5	3	29	21	L	M	4	28-2-1577						Rychard	
35–39	5	2	31	25	D	M	5	17-4-1579	14-5-1579	s.	28d.			Henry	
40–44	5	2	32	10	R	F	6	2-3-1580						Elsabethe	
45–49	5	0	34	26	E	F	7	27-5-1582	31-8-1602	s.	20			Charytye	
TOTAL		11	36	28	N	F	8	16-10-1584	27-10-1584	s.	11d			Sythe	
boys		4	38	18		F	9	24-4-1586	2-3-1663	s.	76			Eddythe	
girls		7	40	31		M	10	15-12-1588						Henry	
Remarks * Holder			43	33		M	11	28-9-1591	2-12-1658	wid.	67	5-6-1615 27-5-1632	23 40	Edward	SALTER 817 HAYMAN 1063
							12								
							13								

図 9-2　家族復元の例（リグリィ『人口と歴史』筑摩書房，1982 年，より引用）

長期間の教区簿冊に出てくる洗礼，結婚，葬儀にかんする記載を個別に整理カードにとり，それらをつき合わせて親子関係を特定してゆくと，うまく史料がそろう場合には家族構成を復元することができる．上の表は，イギリスの歴史人口学者リグリィたちが明らかにしたコリトン村のウィリアム・ホアという家長(夫)の家族の復元例である．

ウィリアム・ホアが 26 歳のとき，22 歳のジョアン・バードと結婚したのが 1570 年 1 月 21 日．その結婚は 1601 年 4 月 27 日に妻ジョアンが 53 歳で他界するまで，31 年間続いた．そのときウィリアムは 57 歳で，妻との死別から 4 カ月後，1601 年 8 月 31 日には再婚し，彼自身は 1611 年 4 月 16 日に 67 歳で死亡した．以上は，表の二重線より上の段に記入されている．

二重線より下の段は，この夫妻から生まれた子供たちの洗礼と埋葬の記録で，F は娘，M は息子を示す記号で，11 人という子沢山であった．洗礼の年月日から，出産時の母親の年齢と出産間隔とが分かり，左側に記入されている．第一子である長女は結婚後 6 カ月で生まれているから，この夫妻には婚前の性交渉があったであろうことが推定される．子供の埋葬記録は 5 人分が欠けているが，これは転出したものと推定される．判明する 6 人分のうち，第五子は生後 28 日，第八子は生後 11 日で死亡しているが，全体としてこのホア家の子供たちは，好運にもかなり生きながらえることができている．

三　家族史研究への寄与と限界

西ヨーロッパ旧家族の特徴

こうした家族復元によって明らかになってきた、工業化以前の西ヨーロッパにおける民衆家族の特徴は、ラスレットらによればつぎのようにまとめられる。

まず結婚は、かつては貴族などの事例から早婚型ではないかと考えられていたが、実際には男女とも二〇代後半に結婚することが多い晩婚型であった。それは多くの場合、農家として自立するという経済状態とも関係していたが、妻の懐妊の回数を制限するためでもあったらしい。そうであっても、人工的な産児制限の手段がなく、授乳がつぎの懐胎を遅らせるのみであった時代においては、一般に生まれる子供の数は多く、しかし幼くして死ぬ場合も多かった。子供は多産多死型の状態だったのである。結婚相手はかなり狭い範囲から選ばれ、夫婦の年齢差は大きくはなかった。妻が年上の場合も、珍しくはなかった。これも、貴族の例からはあまり想定できない実態であった。夫婦が死別した場合、とくに夫が残された場合には、再婚までの期間は一般に短かった。

多産多死型といったように、乳幼児の死亡率、とくに一歳未満の乳児死亡率は高く、千人あたり二〇〇を超える状態であったから、平均寿命を取ればたいへん短く、多くのところでは三〇歳を超えていなかった。

工業化以前の家族は、複数の夫婦や兄弟姉妹など血縁者を含む拡大型の家族だというのは、南ヨーロッパや東ヨーロッパの地域によってはかなりあてはまっても、イギリスや北フランス、オランダなどの北西ヨーロッパには妥当しないことも明らかにされた。そこでは工業化にはるかに先立って、所帯の単位は核家族が一般的だったのである。

残された問題点

教区簿冊の活用は、家族構成や家族の人口行動にかんする復元を可能にした。そこから導かれたのは、わずかな回想録や有名人の著述、文学作品などから推定された印象論とは違った、しっかりした史料的な基礎に裏づけられた歴史像の提起であった。

それでもなお、いくつかの問題点は残されている。というよりも、以上の成果が明らかになるなかで、つぎの課題として明確になったというべきであろう。

たとえば、その歴史像が平均的なイメージをあたえるものでしかなく、しかも家族構成については明確になったものの、家族生活の内部については、間接的に想像される以上のものではない、という点である。家族構成についても、世代が受け継がれることによる一種の家族サイクルがありえた。つまり、家族の中心をなす核が単一と複数のあいだをほぼ交互に、すなわち父母と子供の二世代同居と、祖父母・父母・子供からなる三世代同居とを繰り返すような変化の側面が可能であったことも、見落とせない。

家族が、外部社会とどのような関係にあったのかも、教区簿冊を史料とした歴史人口学の手法からでは明確にできない点である。家族は決して、それ自体で自立した閉鎖系をなしていたわけではなかった。この点については、次章でも考えてみよう。

また、非嫡出子については、やはり教区簿冊の記録だけでは正確に分からない。この問題は、婚姻外妊娠と婚前妊娠の関係をどう理解できるか、教会による人心の統制の有効性についてどう評価できるか、あるいはまた女性は攻撃されやすい弱い立場にあったのかどうかといった、解釈のむずかしい問題にかかわる重要なテーマである。

移動人口についても、教区簿冊からは判明しないのが一般的である。たとえば洗礼以後に、記録に名前が登場しなくなる点から、おそらく教区から出て行った人だと推定される。あるいは、洗礼の記録のない人が結婚や死亡記録に出てくれば、人生の途中で教区にはいって来た人だろうと推定される。しかし出て行った先の地域や出身地域など、それ以上の記録がなければ分かりようはない。

個人別に跡づけられているオーストリアの場合など、例外を除けば、里子や奉公などの問題も、教区簿冊からではつかめない。いうまでもなく、教区簿冊には作成意図からする限界があるのであって、残された課題についてては別の記述史料などをもちいた研究が進行している。さまざまな限界はあるにしても、歴史人口学が拓いた旧家族や社会構造についての問いが歴史認識を大きく前進させたこと、そしてさらなる課題を明確にするのに貢献したこと、これらはたしかである。

10 人と人とを結ぶもの

一　家族の結びつき

血縁・姻戚・親族関係

社会はさまざまな人と人とが出会い、さまざまな関係性を結ぶことによって構成されている。家族のまとまり、町や村の住民としてのまとまり、おなじ趣味や職業による結びつきなど、人と人とが結び合う形は、歴史のそれぞれの時代にどのように社会の基盤になっていたのであろうか。それはどのように変化し、また社会の仕組みや政治支配のあり方と関係していたのであろうか。

人は否応なしに親のもとに生まれ、その親たちが形づくっている家族関係のなかに、まず組み込まれて育てられる。その家族がどのような形式であれ、最初に経験する社会関係であるから、家族は第一次的社会集団といわれたりする。

親子は、血のつながる血縁関係である。これは、親の親といった上方へも、子の子といった下方へも、上下に伸びてゆく関係である。また兄弟姉妹を考えれば、それらの子供へと、横にも広がってゆく。

また家族は、血縁と同時に姻戚関係を含む。結婚相手の双方の血縁や姻戚が、総体として姻戚関係を形成する。さらに自分の子供たちの結婚相手や、兄弟姉妹の結婚相手から広がる姻戚といった、いわゆる遠戚もまた含むことができる。

血縁と姻戚からなる関係総体は、親族関係と呼ばれる。あるいは親族のネットワークということもできよう。人類学者クロード・レヴィ＝ストロース（一九〇八〜二〇〇九）が一九四九年に公刊した『親族の基本構造』で明らかにしたように、かつて欧米によって「未開社会」などと呼ばれたアマゾンやミクロネシアやアフリカなどの小規模な部族的社会においては、親族関係のネットワークが、実際的にも象徴的にも、たいへん重要な位置を占めていたのであった。そのような重要性は、程度の差こそあるものの、欧米や日本や中国をはじめとして、より複雑な構成をもつ社会についても、きわめて基本的な関係として分析される必要のあるものである。

家族は私的な存在か

家族といえば、プライヴァシーに属することがらだ、という理解は、現在の日本では当然のこととなっている。しかし歴史的にみたときには、どうだろうか。

かつての家族が、多くはそれ自体として独立しているというよりも、地域的な社会関係に貫かれるようにして存在していたことには、注意しておかなければならない。また家族、すなわちファミリーの概念には、血縁や姻戚以外の人たち、たとえば使用人や奉公人を含めて考える、という捉え方も決して例外的ではなかった。日本の武士の世界における「家の子郎党」といった考え方を想起してもらうと、分かりやすいかもしれない。こうした家族とか家の捉え方は、洋の東西を問わず、かなり広範に指摘されるところである。

家族国家論という考え方も、さまざまな社会で指摘される。たとえば国王を一家の父親に、臣民を家族の構成員にたとえる考え方である。家族は、第一次的な社会集団といわれるように、誰もがそこから容易には逃れられない、社会の再生産の要《かなめ》に位置した社会的結合であっただけに、それをどう制御できるか、どう手なずけて支配の仕組みに組み入れるかは、政治支配にとってはいつの時代にも、重要な課題だったのである。

図 10-1　婚礼の祝宴（*La Bretagne* 前掲書より引用）
ブルターニュのカルナックという村での祝宴のようす．19世紀末か20世紀初めの写真．数日間，ときには1週間も続く祝宴に，親類縁者ばかりでなく地元住民も参加する形式は，ところによっては20世紀なかばまで存在した．

しかも家族というのは、その範囲がどうであれ、夫婦の成立、すなわち男女の結合に基礎を置いている。したがって、性の領域という、社会秩序にとっての重要で微妙な扱いを要する点にかかわっている。そのうえそこでは、社会の再生産を可能にする子供の養育が担われていた。それにあたったのが誰なのか、母親なのか地域的な集団なのか、担い手は多様でありうるが、多くの場合に家族において生活文化が伝承され、社会秩序における権威の体制が継承されていたことはたしかであった。

多くの家族は、農業の場合に典型的であるように、一つの経営体であり、資産相続の主体でもある。経済という概念、すなわちエコノミー(オイコノミア)という概念が、語源的には家政の適切な管理を意味していたように、家族は経済にとって要をなすものでもあった。消費動向を左右するという意味では、現在でもそれは変わらない。家族経営の事業も、洋の東西を問わず多いのである。

もちろん人と人との結びつきは、家族や親族関係だけではない。そして親族関係そのものが、ある地域的な社会関係のなかに組み込まれていたことは、少なくない。夫たちは、家長として村の寄り合いに集まり、あるいは共同で作業や祭礼の実施にあたった。女性史と「ジェンダー」については章を改めて考察するが、妻たちもまた、日常的に共有の空間で顔をつきあわせ、妻たちどうしの、割りふられた役割にもとづいた関係性を濃密に保持していた。若者や子供もまた、それぞれの地域の生業《なりわい》の特質にそって、もっとも明確な場合の若者組や娘組に示されるような、独自のまとまりを形づくっていた。家族の構成員は、自分たちの暮らす地域のなかで、家族の外部における関係性の一員でもあったのである。

二　土地と職能が取り結ぶ縁

地縁関係

人びとが暮らしている空間が、さまざまな条件のなかで生き抜くためにも、多様な形における共同利用や、あるいは共同で対処すべきことがらに満ちていることは多かった。そうしたとき、その場所を離れては生活が成立しないその地の人びとは、相互に強い地縁関係を成立させていることが一般であった。いわゆる地域共同体である。一つの村落、日本でいう字《あざ》のような居住の集合、あるいは町や都市のなかの居住街区、といった空間単位を想定すればよい。

一九世紀から二〇世紀にかけて、公的なサーヴィス制度が国家や地方自治体のような行政制度によって用意され、経済サーヴィスが多様な利便性を提供するようになってゆくのに応じて、地縁関係は希薄化してゆくことが多い。たとえば、共同の水汲み場をその地区の人たちが皆で維持する必要があった状態と、各家庭に水道が完備した状態とを、そこに生きる人たちの視線で眺めてみたらよい。

それでも、そうした公的なサーヴィスが対処しきれない災害などが起こったさいに、希薄化していた地縁関係

図 10-2　町や村の共同洗濯場(Serge Zeyons, *La France paysanne. Les années 1900 par la carte postale*, Paris, Larousse, 1992, より引用)

町や村には，水場に共同の水汲み場や洗濯場があり，そこは土地の女たちにとって社交の場でもあった．いわば井戸端会議のようなつきあいの場である．上の写真はフランスのジロンド県ランゴンの町中につくられた共同の洗濯場である．下の写真はセーヌ川の流れが，村にとっての共同利用の洗濯場になっている例で，これらはいずれも，絵葉書として撮られた写真である．この種の記録写真が多様に現存している．なかには，明らかに着飾り，写真のためにポーズをとっているものもあるが，それでもこれらの写真は，かつての庶民の日常生活を推測する重要な手がかりとなる．

が再生したり、あらたな関係が生じたりする例は、身近にも経験されるところであろう。

地域に持続している景観は、しばしば、その地域社会における地縁関係の一面を伝えている。たとえばヨーロッパを旅してみれば分かるように、広大な畑や森の彼方に集落があることは、まず教会の塔でもって分かることが多い。教区教会の鐘楼である。それは、かねてより住民たちが、教区のまとまりにおける地縁関係をたいせつに維持してきた証であった。日本でいえば、鎮守の森と氏子、あるいは寺と檀家を想起すればよいであろう。

職能的な関係

地縁関係は、そこに生きる人たちの生存を可能にするための、相互扶助と相互規制の両面をもった関係であった。おなじように、職能を中心として成立していた関係も、そうした両面性をもった絆であった。仲間の誰かに不都合が生じれば、たがいに助け合う。しかしまた、誰か特定の者だけが抜きん出たり、成功して羽振りがよくなることは、調和を乱すものとしてきびしい規制の対象になった。

商人や親方職人たちは、それぞれの扱っているものに応じて、各都市のなかに集団を形成していた。中世から近世にかけてのヨーロッパでは、ギルドとかツンフトと呼ばれる組織がそれである。ある職業に従事するためには、そのギルドに加盟していなければならなかった。したがってギルドは、一種の特権集団でもあった。職能の質の高さを維持するための組織形成だ、という目的はあったが、同時に、過当競争を避け、自分たちの地位を安定させるというねらいも存在していたのである。

親方職人になるための修業をしている職人たちの、組合組織も存在していた。職能ごとの仲間職人組合などと呼ばれるものである。彼らは各地の親方のもとをまわって修業したので、遍歴職人とか巡歴職人といわれる。英語で彼らのことをジャーニーマン（旅する人）と表現するのは、そのものずばりの言い方である。そうして修業を積んだのち、自分がこれと定めた都市のギルドに自分の仕事を提出して、それが立派なものと認定されれば、晴れて親方職人への道が開けることとなる。その認定作品が「マスターピース」である。現在では一般に傑作という意味で使われるが、もともとは親方（マスター）として認められる作品（ピース）という意味なのである。

こうした職人たちは、特有の儀礼を独特な服装でおこない、独自の礼儀作法や言葉遣いをもっていた。しかしヨーロッパのどこでも、一八世紀から一九世紀のあいだに、経済と職業の仕組みが変化するのに照応して、こうした職人たちの関係が作り出していた独特な世界は姿を消してゆく。

ソシアビリテと統治の関係

人びとが結び合う形を、フランスの歴史学では「ソシアビリテ」という言葉で表現するのが一般になってきた。もともとソシアビリテという言葉は、社交性とか人づきあいのよさを意味していたが、最近の歴史学では、社会を成り立たせているさまざまな人間関係のことを指している。家族がその構成員たちの私的な関係にすぎないわけではなかったのと同様に、さまざまなソシアビリテのあり方が、その社会の仕組みや統治のあり方とどのように関係していたのかを捉えることは、重要な課題である。

たとえば、フランスの絶対王政期の統治の仕組みとソシアビリテの関係について、二宮宏之氏はつぎの二つの図のように説明している。絶対王政という表現がときに誤解を招くのだが、王政は決して勝手に何でもできたわけではなかった。むしろ歴史的に形成されていた社会集団（専門的には中間社団といわれる）に一定の自律性を認め、その内部的な管理能力に依拠しつつ、円滑な統治の実現を図っていたのであった。人びとは、個々人として

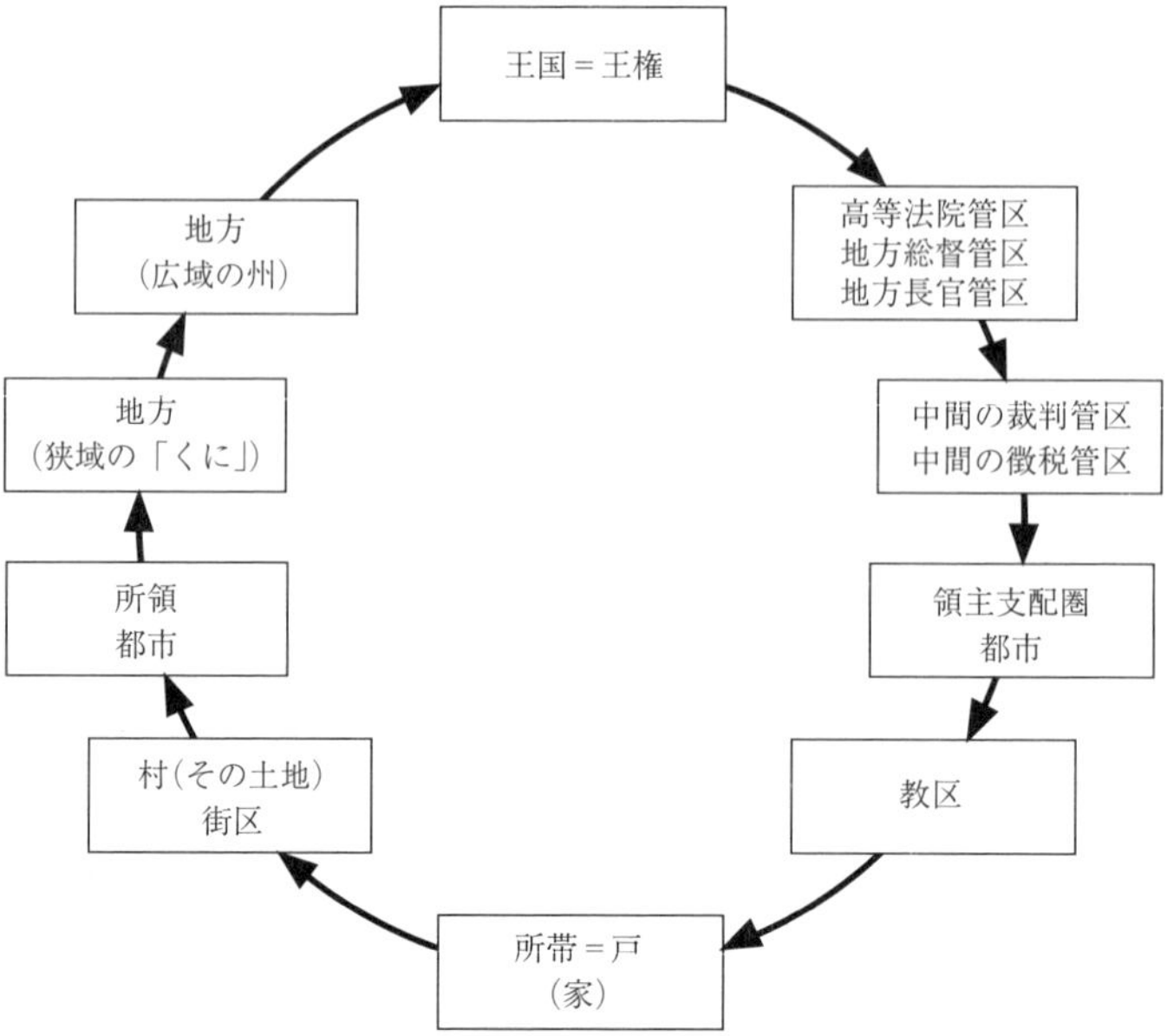

図 10-3　空間的・地縁的結びつきと統治（二宮宏之『全体を見る眼と歴史家たち』平凡社ライブラリー，1995 年，を参考にして作成）

国家の統治に向き合っていたわけではなく、さまざまな中間的な結びつきの枠にはまっていることにおいて、存在が認められていた。

図10-3は、空間的・地縁的な結びつきの形と、統治の仕組みとの関係を示している。上限は王国全体というまとまりと王権である。下限は、一人ひとりの臣民というよりも、第一次集団としての家、ないし地域社会内の所帯という単位であり、フランス語ではこれを、家の中心としての「かまどの火」をも意味する「フ」という表現で捉えていた。この上限と下限の両端の中間に、さまざまな歴史的な結びつきの枠組みと、統治の側の管理の枠組みが対応関係をなしていた。たとえば都市は、流通ネットワークの結び目として歴史的に形成されたものが多かったが、それに自治特権を付与して、王権の統治システムのなかに取り込んだのである。

図10-4は、機能的・職能的な結びつきの形

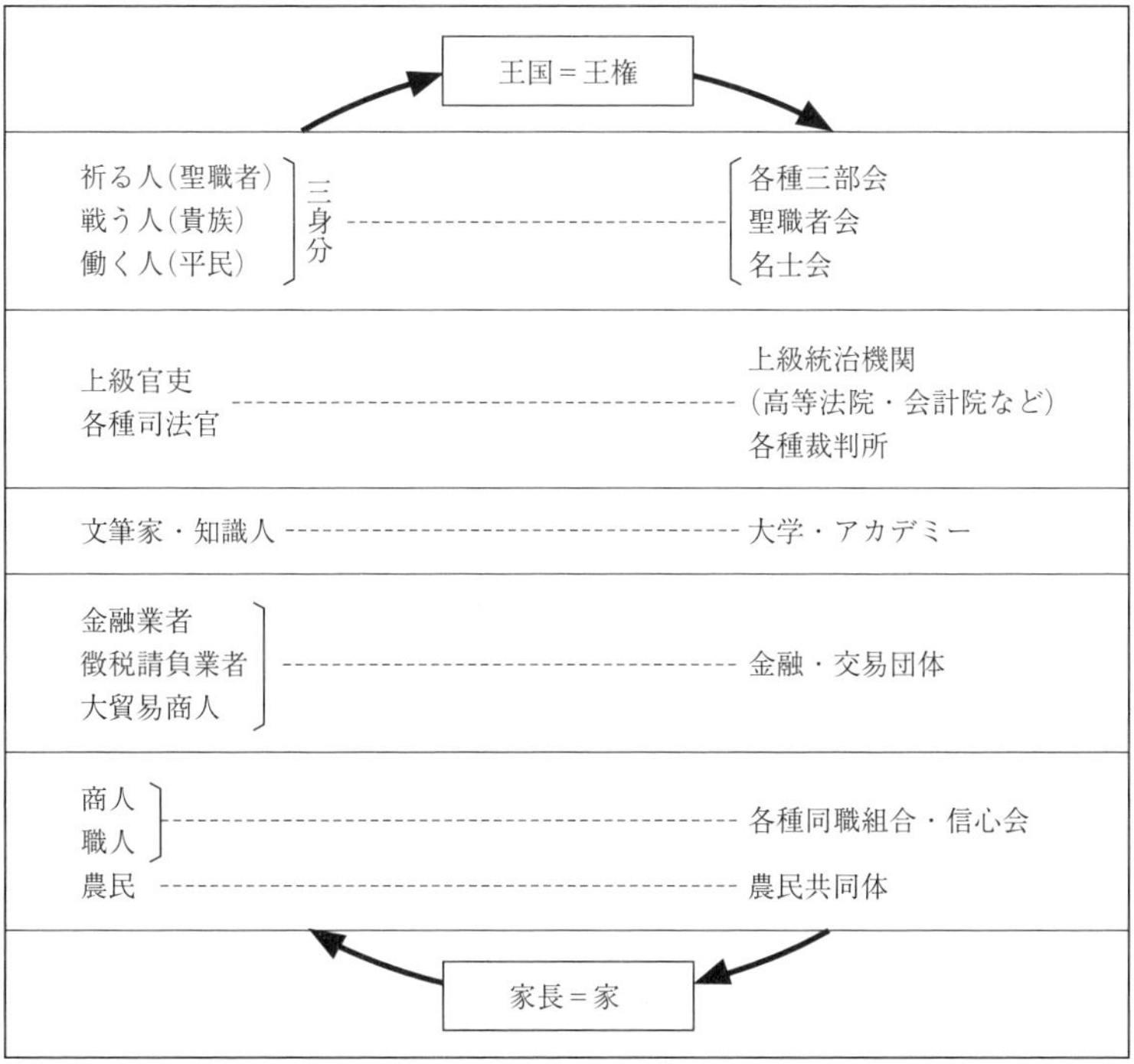

図 10-4　機能的・職能的結びつきと統治・秩序（二宮宏之『全体を見る眼と歴史家たち』を参考にして作成）

と、統治の仕組みとの関係を示している。ここでも上限の王国と王権にたいして、下限に位置したのは家であり、その代表としての家長であった。そして中間に、さまざまな職能上のまとまりと、それに対応した統治の機関、あるいは秩序の枠組みが位置していたのである。

三　ソシアビリテの歴史的変化

インフォーマルな結びつき

統治の仕組みからはみ出すようなインフォーマルな結びつきは、しばしば時代の支配者からは胡散臭《うさんくさ》い目で見られたり、規制の対象にされる。逆に、支配状況と対抗するためにインフォーマルな結びつきが形成されることもあった。たとえば一八世紀のヨーロッパではっきりした姿をもつようになるフリーメイソンや、一九世紀にもなると多様に形成される思想的な結社などは、その分かりやすい事例であろう。いずれもしばしば非合法の状態に置かれたので、その場合には秘密結社の形式をとることにもなった。

居酒屋や市場、街頭に展開していた都市民衆のソシアビリテは、明確な輪郭をもつものでは必ずしもなく、統治の側からすると秩序から逸脱したり、秩序を攪乱する危険をつねにはらむものであった。しかし民衆生活においては、日常的な情報交換や気晴らしのために大きな位置を占め、変動期にあっては歴史全体の展開にも重要な役割を果たしたソシアビリテの事例であった。これは、組織的な形式をとらないことも多かった。一種の顔見知りの世界である。

明確な輪郭をもったフォーマルなもの、そうではなく、時代の傾向からすれば外れた性格をもったインフォーマルなもの、いずれにしても、どのようなソシアビリテが各時代において形成されていたのかを明確にすることが、出発点である。そのうえで、それらの社会的な結びつきが、社会秩序や政治支配と、どうかかわっていたのかが問われるのである。

選択的なソシアビリテの台頭

地域や国によって、いつごろからかという点はまちまちだが、趣味や同好の集まりなど選択性の強い社会関係の形成は、現代に近づくほど多様化の傾向を示すのが一般的である。たとえばヨーロッパの都市では、一八世紀ころから読書クラブとか社交クラブが増えてきて、同時代の多様な問題について論じられたり、情報が交換される場となった。そのなかには、地方アカデミーとか、地域的な文化協会のような、なかば公的な形をもつようになったものもあれば、もっと趣味的な地方名士の集まりのようなものまで、多様な展開がみられた。そうした場で形成されるつきあいの関係は、いわば社会関係資本とでも表現できるような力を、政治や経済の局面においても発揮したのである。

生活の条件が変化するとき、人と人との結びつきの形も、また変化したのは当然であった。たとえば、一九世紀になって高等教育の制度が整備されてゆくなかで、高校や大学の同窓会にあたるものが、陰に陽に大きな社会的、あるいは政治的役割を果たすようになる。また、大都市への人口集中が生じるなかで、県人会など各種の同郷団体が形成され、少なからぬ役割を果たすようになるといった事例もあげられよう。

国内での移動だけでなく、国外への移民においても、出身地域の地縁的つながり、あるいは家族的つながりにもとづくソシアビリテが、きわめて大きな役割を果たしたことは、多くの場合に共通していた。どこへ向かって移民してゆくのか、出ていったさきでどのような職業につくのか、といった点で、それらのソシアビリテが重要な位置を占めたのである。

在郷軍人会であるとか、新興の宗教団体、労働組合、さらには政党組織など、社会の変化のなかで多様に、人びとは社会的に結び合う形をとってきた。それらを的確に捉えることは、歴史の理解にとって要点の一つといえるであろう。

11 女性史とジェンダーという視点

一　男女の性別とジェンダー

つくられる「男らしさ」と「女らしさ」

人間の場合も他の動物と同様に、生物学的な意味での雌雄という性差をもって生まれてくる。そしてヒトという種の存続、世代的な再生産のためには、女性の卵子に男性の精子が合体して、女性が妊娠して胎内で子供が育ち生まれてくることが必須だということは、改めていうまでもない。人工授乳が可能になる以前においては、一般的に子育てには母乳が(乳母の場合も含めて)必要不可欠であった。

このような生物学的な事実は、現代の生殖医療などの展開によって様相が変化するところがありうるかもしれないが、歴史的過去においてはどの時代であれ、どの社会であれ、類としての人間に普遍的な、共通する事実である。

しかしながら、生物学的な雌雄とは別に、社会において男性と女性にどのような役割や性格が期待されていたか、あるいは「男らしさ」であるとか「女らしさ」といったような、どういう規範が求められ、また言語やイメージなどによってそれが表象されていたか、ということになると、時代によっても社会によっても、決して同一であったわけではない。現代世界においても、それぞれの社会によって同一ではない。

じつはそれぞれの社会は、歴史的な時代状況のなかで、生物学的な性差を前提にしながら、男女それぞれに役割や規範を割り振って継承していたのであるが、歴史学においてそのことが意識され、研究対象として問われることは、少し前まではほとんどなされていなかった。あとで触れるように、近代歴史学が成立した一九世紀の欧米社会では、そしてそれに倣おうとした近代日本社会においても、政治や組織経営などの社会の公的領域を担うのは男であるのが当然だ、という認識が、多くの場合には意識化されて表に出ないほど前提となっていたことに、その一因がある。しかも、制度的に確立していった学問研究もまた、多くの場合にもっぱら男がたずさわるべき領域であるとみなされていた。

一九世紀から二〇世紀はじめにかけて、広く欧米社会で一般化してゆく選挙での投票権、被選出権(議員などになる権利)に代表されるような政治的参加の権利は、どこでも、男性に限定されていて当然であるかのようにみなされ、納税額などによる制限が廃止されて普通選挙制度が実現した場合でも、はじめは男性のみに限定された。ヨーロッパでは、一九〇六年に男女ともに普通選挙権が制定されたフィンランドを先頭に、まず北欧諸国がそれにつづいたのではあるが、ヨーロッパの多くの国において政治的参加権が男女ともに認められたのは、第一次世界大戦を過ぎたあとである。それが実現するまでには、何より当の女性たちによる要求運動が、一九世紀から長らく闘われる必要があった。

二一世紀初頭のフランスのような、女性の活躍が経済社会の最前線のみならず政治の場でも普通になってきた社会、しかも基本的人権を他に先駆けて一八世紀末に宣言した社会においてもまた、法律で女性に参政権が認められたのは一九四四年、その実施は翌四五年の国民議会選挙からである。敗戦後の日本において、衆議院の選挙制度が改正されて女性参政権が認められたのと同年であった。

ジェンダーという概念の広まり

じつは「男らしさ」とか「女らしさ」といった、男女にあたえられる規範や価値は、生物学的な性差から自動的に生み出されるものではない。歴史のなかでそれぞれの社会によって形づくられ、継承されたものである。「男はこうあるべきだ」、あるいは「女はこうあって当然だ」というような規定性や意味づけ、それらを「社会的、文化的に与えられる性差の規定」として「ジェンダー」という概念によって捉えようとする考え方が登場したのは、ほぼ一九六〇年代からのことだと思われる。それは、男女同権や女性解放を強く主張するフェミニズム運動が、現代社会の状況のなかから高揚してゆく過程とともにであった。

主として英米を中心とした英語圏での動きが、早かったようである。さらにその裾野が広がり、ジェンダーという概念が歴史研究においても一般化してくるのは、ほぼ一九八〇年代からといってよいであろうか。この点で、英米の研究世界でもっとも論議をよんだジョーン・スコットの先駆的な著作『ジェンダーと歴史学』(一九八八年刊)が、大きな位置を占めていることは、多くの人が認めるところであろう。

歴史学においては、はじめのうちは「女性史研究」、すなわち歴史のなかの女性について、その実態がどのようなものであったかを明らかにしようとする研究が、主として女性の歴史研究者たちが先鞭をつける形で、展開しはじめる。これがかなりの広がりと蓄積を示すようになりだしたのは、欧米でも日本でも、ほぼ一九七〇年代末から八〇年代にかけてであった。この点については、後段で立ち戻りたい。

じつは日本では、男女雇用機会均等法が論じられていた一九八〇年代においても、「ジェンダー」という概念はまだ一般化していたとはいえないのではないか。このころに日本で刊行された代表的な百科事典には、まだ「ジェンダー」の項目はなかった。日本でこの概念が広く認識されはじめるには、スコットの上述書が、自身もこの問題に取り組んでいた荻野美穂氏の翻訳によって刊行されたことが大きい。一九九二年のことである。先駆的な研究者たちはいたのであるが、その成果の共有が十分に進んでいたとはいえない。

フェミニズムの展開と女性史研究

日本を含めた現代社会におけるフェミニズム運動の展開については、ここでの課題ではないので関連書を参照してもらうとして、押さえておきたいのは、さまざまな点での女性差別撤廃、女性の十全な自己実現の追求や、自己決定の権利を確立しようとする意識が、二〇世紀後半を進むにつれて大きなものとなっていったことである。時期に応じてその焦点は変化したように見えるが、こうしたフェミニズムの展開が、女性史という、歴史学におけるあらたな研究分野の開拓を促したことは、私の知る範囲の欧米においても日本においても、間違いないところである。

一九世紀以来の近代歴史学は、二〇世紀後半になって「社会史研究」が台頭してくるまでは、国家政治史や外交史、国家単位での経済史ないし社会経済史の研究などを、その中心においていた。研究の世界、文筆の世界そのものも、担い手は圧倒的に男中心であった。一九世紀から登場していた女性解放論者、フェミニズムの活動家たちの思想や行動は、その同時代においても、のちの歴史研究の世界においても、多くの場合には無視されるか、ないしはエピソード的な扱い以上のものではなかった。

歴史学は、社会における男性とか女性といった性差を問題として取り上げることはなく、ジェンダー区分やそのギャップに、とりたてて関心を払うこともなかったのである。あたかも、現実の政治経済が男性のみの領域、男性中心の世界であったことと対応して、自動的に男性がもっぱら歴史の担い手であるかのような、ないしは、歴史記述の中心に登場するのがもっぱら男性のみであるような、研究姿勢であったといっても大げさではない。

こうしたあり方が転換を余儀なくされるには、いくつかの要因が関連していたと思われるが、ここでは、すでに記したように、一つは社会史というあらたな歴史学の研究視点と方法とが広まったこと、そしてもう一つは、現代社会の変化と対応してフェミニズムが高揚していったという、二点を指摘すれば、さしあたり十分であろう。

すでに本書の冒頭で取り上げたように、歴史研究における問いのあり方そのものが変化し、それぞれの時代を生きたさまざまな階層の人びとが、老若男女どのように具体的な生き方をしていたのか、これまでは十分に光をあてられなかった人たち、あるいは、みずからは語る言葉をもたなかった人たち、こうした市井の人びとについて、社会的、日常的な実態に即した解明が求められるようになったのである。

そうなると、たとえば家父長的秩序が、家族や、それら家族を基盤にした社会支配において、強固であったといわれてきた場合においても、もっと具体的な社会の現場に焦点を合わせた研究が史料的に可能になれば、その時代の女性たちが「良妻賢母」の枠組みにおいて従順に家父長の権威に従っていたわけではないような事例もまた、指摘できるようになる。あるいは社会階層による差異の存在、慣習法的拘束の強弱のあり方、こういった実際的な社会文化の解明という問題の立て方が可能になる。

こうしたなかで、社会階層による差異にも敏感な歴史認識がもたらされる。農民家族の場合はもとより、都市の民衆階層においても、女性が家庭内にもっぱら止まって外で働いていなかったとか、社会的な調整役を演じていなかったなどということは、絵空事ではないかということにもなってくる。

かつて公的な史料には、それらの多くが男性の領域にかかわるものとしてあっただけに、女性の姿もあまり登場しないことが多かったとしても不思議はない。あるいは、そもそも性別が意識されることもなかった。しかしそれでも、たとえばフランスなどの王政下の宮廷政治において、王女や王妃のみならず、国王や政治権力者の愛妾までもが陰で、非公式な影響力を行使していた事例も存在する。あるいはまた、一七世紀から一九世紀にかけてのフランスにおいて、政治的・文化的サロンの運営が、知的にもレベルの高い上流階層の女性のもとでなされていた、といった事例のように、女性の姿はあちこちに見きわめられるようになる。もちろんフランスに限らない。日本はじめその他の国や地域についても同様である。

要は、歴史を問う者が、どのような問題意識のもとに、どのような史料を媒介にして、いかなる視点から問うのか、ということである。そこに、歴史の展開のなかで女性はどのような位置を占め、いかなる行動や結果に関与していたのか、社会階層や地域状況のなかで、その位置や役割はどのような様相を示していたのか、行動はどのように男性と異なっていたのか、といった問いを具体的に発する、女性史という研究分野が開拓されていった。二〇世紀後半、とくに一九七〇年代からである。

女性史の研究展開によって、歴史上の女性の姿が多様な角度から明らかにされるようになってくると、では改めて男性はどうであったのか、という問いかけも問題となる。たとえば父親像というものは、時代によって、あるいは社会階層によって、どのようなあり方をしていたのであろうか。国王や統治者、ないし権力者が、父親に擬せられていたということは、何を意味していたのであろうか。「男らしさ」という言説はどのような内容をもって、どのような媒体によって形成され、共有されていたのか。そうした言説は、どのように現実社会において機能させられていたのであろうか。

さらにもう一歩進めば、ジェンダーの観点から、それぞれの時代と社会において、男性や女性がどのように差異化され、文化的な意味づけを与えられて、性差として設定されていたのか、それは、政治統合や社会支配、経済的な構造変化などとどのような位置関係にあったのか、などの問いへと展開することにもなってくる。問題の射程は大きく広がってきて、ただ女性史という範囲に収まるものではなくなってくるのである。

二　近代市民社会とジェンダー秩序

具体例として考えてみる「フランス革命」

歴史的な具体例を手がかりにしてみよう。一七八九年春からフランスで動き始めていた改革の模索は、その年の夏、七月一四日、パリ市民の攻撃によってバスチーユ要塞が陥落したのを契機に、国家社会の秩序体制転換へと向かって本格的に動き出す。有名なフランス革命の勃発である。

フランス革命は、一〇年ほどのあいだに複雑に紆余曲折を経験するのであるが、それが動き始めた早い段階、一七八九年八月に、その時期のリーダーたちが参集していた憲法制定国民議会によって、「人間と市民の権利の宣言」が採択された。いわゆる「人権宣言」である。これは、その基本が、革命期に何度か制定・改定された憲法において序文として採用されてゆく国家社会の編成原則であり、やがて二〇世紀なかばには、国連総会で決議された「世界人権宣言」の参考にされたように、いわば人類にとっての普遍的な価値理念として、現在にいたるまで評価されるものである。

フランス革命による人権宣言は、あらゆる身分的・職能的・地域的特権を否定し、人権の尊重と法治国家、国民主権という、現代に通じる政治理念を、アメリカ独立宣言と並んで先駆的に明言したものとして、評価されるべきものである。しかしまた、それを制定した時代の政治指導者や革命家たちは、現実において主権を行使する「市民」をどのように定義したらよいのか、考えざるをえなかった。ならうべき前例はなかった。

前章で言及したように、革命以前のフランス王政下の国家の仕組みと社会の秩序は、社団的編成を基本としてなされていた。すなわち、一人ひとりの市民(王政下では臣民)をその基礎単位として位置づけるのではなく、個々人は、家族の一員として、町村の一構成員として、あるいは職業的社団の一員として、位置づけられ、その団体が国政による把握の対象とされていた。

革命によってこれらの社団的組織を解体して、市民個人からなる社会を構想するにしても、責任をもって国家政治や経済社会の運営に関与できる市民とは、はたしてその全員なのであろうか。細部を省いて大づかみにいえば、少なくとも当初においては、一定以上の納税義務をすでに果たしてきている者、そのような男性にたいしてのみ「能動市民」という資格が認定されたのである。そうでない者は、男性であっても「受動市民」として、いわば市民予備軍とされ、女性は、まったくの埒外におかれた。

したがって、立憲王政を定めた一七九一年憲法を前提にした議員選挙は、都市民にせよ農民にせよ、男性であっても民衆階層の人びとは除外された制限選挙であった。納税額にもとづく制限選挙方式は、フランスの場合には一九世紀なかば、二月革命によって普通選挙制度が採用されるまで、基本的につづいてゆく。しかも二〇世紀なかばに至るまで普通選挙は、あたかも自明のように男性のみについてのことであった。

国家社会の根本的変革を追求した革命家たちは、その大部分が、男女の役割分担についての先入観を、疑うことなく共有していたといって間違いない。国家社会のあり方を「公的」な側面と「私的」な側面とに分けて捉えたうえで、公的領域はもっぱら男性がその責務を負う担い手であり、女性は私的領域にとどまって、それをしっかり担うべき存在なのだ、という考え方である。

このような、公私にかんする性的役割分担という認識は、フランスに限らず、少なくとも一八世紀の欧米世界では啓蒙思想家を含めて、広く共有されるものとなっていたと思われる。一九世紀についても、基本的には同様である。

しかしながら、実際の革命の推移には、しばしば生じていた民衆騒擾を含めて、女性もまた多く参加し、関与していた。たとえば有名な例では、一七八九年一〇月に生じた「ヴェルサイユ行進」と呼ばれる出来事がそうである。

同年八月に議会で採択された「封建的領主権の廃止」や「人権宣言」などの一連の決定を、国王ルイ一六世はまだ裁可せず、ヴェルサイユ宮殿にこもってその態度は明確ではなかった。そこでパリの民衆階層の女性たちは、棍棒や槍などで武装して一〇月五日、その数六、七〇〇〇ともいわれるような多数が集まり、大挙してヴェルサイユへと押しかけたのである。後からつづいた男性の連盟兵たちとも合流した女性たちは、折からの食糧難のなかで小麦の放出を求め、国王の居所をパリへと移すようにも求めて、それらを実現させてしまった。国王にたいして要求を突きつけたということは、この時点ではまだ国王の権威が完全に失墜してしまってはいなかったことを示唆しているが、いずれにしても、女性たちの行動が状況を動かしたことは間違いなかった。

しかし男性の革命家たちは、その立場が穏健派であれ、急進派ないし過激な最左派であれ、ごく一部を除いて、徹底的な性的役割分担を信じて疑わない者たちであったと思われる。もちろん例外もあった。啓蒙思想家であり優れた数学者でもあったコンドルセ（一七四三〜九四）は、男女区別なく開かれた国民教育の推進を唱え、「開明的」でありさえすれば女性であっても完全な市民権を認めるべきだと主張した人として知られる。しかし、この点でのコンドルセは、まったくの例外的革命家であった。

女性たちによって組織された革命クラブは、共和体制となったのちの一七九三年には解散を命じられ、女性革命家のなかには処刑された者もいた。市民権や政治的諸権利は男性市民のみでなく女性市民にも同等に保障されるべきだ、と主張した女性リーダーたちは、それゆえに革命に混乱を引き起こそうとしている危険分子とみなされ、男性の革命家たちから指弾されたのである。人権宣言は男権宣言にすぎないではないか、として批判し、あえてパロディのように「女性と女性市民の権利の宣言」を執筆・発表していたオランプ・ド・グージュ（一七四八〜九三）という女性の戯曲作家もまた、それを反革命行為として指弾されて断頭台で処刑されてしまう。

ここでフランス革命期の「女性差別」の事例を取り上げたのは、国内の反革命派との武力対立や、周辺諸国からの反革命干渉戦争のなかで戦っていた革命のリーダーたちを、なんのことはない君たちも性差別主義者だったのか、といって非難するためではない。人間の自由と平等といった普遍的な理念を明示した革命の主導者たちも、公的領域は男の責任範囲、女性は私的領域にあるべきだという、同時代における公私の領域区分の発想にもとづくジェンダー秩序の価値規範、近代市民社会の構想が内包していたジェンダー規範というものから、まったく自由ではなかった。その歴史的事実の重さを、現代を生きる私たちも改めて再認識する必要があるのではないか、と考えるからである。無意識のうちの拘束力は、きわめて重い。

性的役割分担の通念と、実際の社会生活の現場

啓蒙思想が大きく展開したフランスなどを典型として、一八世紀以来、国家社会にかかわる公的領域がそれまで以上に広く重要な位置を与えられて、個別利害にかんする私的領域とは明確に区別されるべきものとして位置づけられるようになってくる。そうした公的領域のための議論は、「公論(パブリック・オピニオン)」として重要な位置を与えられるようになっていった。そして、その担い手は、なによりも男性であるとみなされていた。

他方でまた、フランス革命前後の時代から、人格をもった個としての存在が、社会や人間のあり方をめぐる認識において大きな位置を占めてくるようになる。一八世紀末から一九世紀前半において、ドイツやイギリスを先頭にして、フランスなどその他の諸国をも巻き込んで、文学や芸術における重要な趨勢となるロマン主義は、こうした思想的ないし理念的な動きと複雑に連動しながら展開していった。

しかしそれにしても、現在から振り返れば不思議なことのようにも思えるのであるが、こうした動きは、その主たる担い手がもっぱら男性であるかのようにして展開してゆく。スタール夫人(一七六六〜一八一七)のような、一八世紀末から一九世紀初めに、とてつもなく素晴らしい文学的かつ思想的才能を示した女性がいたのであるが、それはあくまで例外的なこととみなされたようである。男性からすれば女性は、あくまで受け身の存在であるかのように、もっぱら私的領域のなかで捉えられる対象であったかのようである。

公的な女性を意味するフランス語「ファム・ピュブリーク」とは、じつは娼婦のことを意味していた。女性は何より私的な領域(プライヴァシー)に属するべき存在とみなされたのである。一般に男性については、たとえ家族の長であったとしても、性的な放縦さは許容の範囲に収められたのにたいして、女性には、性的な強い抑制が

求められた。

一九世紀から二〇世紀に至るまでも、セクシュアリティ、性生活や性的欲望にかんする男女の二重の基準、ダブルスタンダードは、多くの社会で認識されるところであった。一九世紀イギリスにおいて、ヴィクトリア女王の家族イメージを通じて喧伝されたのは、男性に関する夫としての役割や位置であるよりも、なにより「貞淑な妻」であり「慈悲深い賢明な母」でもある女性についてのイメージである。性道徳は、もっぱら女性にたいして求められたものであった。イギリスに限らず他のヨーロッパ社会においても、ほぼ同様であったといってよいようである。

明治期以来、近代日本でも強調されることになった「良妻賢母」と共通するモデルは、一九世紀の欧米でも広く支配的な価値理念として主張されるようになる。女性の側からも、これに照応する形で母性主義的なフェミニズムの主張による地位の向上、という動きも見られた。ただし一九世紀にもなると、経済社会の大きな展開と都市の発展に示されるような社会変容に対応して、社会階層のあり方も多様化、ないし多層的な状況を、一層明確にしてゆく。

したがって、求められる男女のあり方の規範的性格も、一様ではなかった。裕福で経営者的な性格を強める社会最上層部と、ミドルクラスといわれるような中間的なブルジョワ層、そして工業化の展開に応じた労働者層にしても、職人的な技術を身につけている上層の労働者層と、単純労働につくしかない人たち、さらには産業構造の変化に応じて増えてゆく事務系やサービス業の勤労者層、そして依然として相当な部分を占めていた農民層、といったように、それぞれの社会層によって、近代家族のあり方ひとつとっても同質ではない。ジェンダーをめぐる規範や統制のあり方は、じつはかなり入り組んだ様相を呈するようになっていた。

フランスと日本での研究事例から

二〇世紀後半から進展した女性史研究の成果とは、こうしたさまざまな社会階層における女性たちの日常的な生活状態、置かれていた社会関係のあり方、あるいは価値規範とそれにたいする生活者としての対応、こういった諸点を、丹念に解きほぐして明らかにしていった、ということである。もちろん、その視野と研究対象は、近代社会にとどまることはなく、近代以前の諸社会における、さまざまな場にいた女性のあり方、それぞれの時代の社会関係や政治状況とのかかわりなどの、多様な側面についてである。

その点で、日本を含めて多くの国々で、女性史という問いが多くの研究者による共同研究、あるいは研究者集団による組織化を通じて進んだことの意義は、大きいというべきであろう。男性のあり方をめぐる規範についても視野に入れたジェンダー論的な歴史の見方への回路は、こうした研究から開かれたといってよいのだと思われる。

私のよく知る範囲でも、フランスにおける女性史研究の草分け的存在であるミシェル・ペロー(一九二八〜)を中心とした展開がそうであった。ペローの研究スタンスは、女性に限らず、歴史において言説を十分に発することのできなかった人たちに、研究者として史料を媒介に表現の場を与えようとするこころみであった、といえるであろう。

たとえば一九世紀の労働者の場合である。組合運動を推進して、発言を繰り返し公にしていた指導的な活動家たち、彼らの多くはじつは男性中心的な視点をもっていたのであったが、こうした活動家だけではなく、ストライキ運動の現場でのみ舞台の前面に登場した若い労働者や、あるいは社会的には周縁に位置していたとしかいえない、組織的な労働運動などからもはじかれていた底辺の労働者たち、そして多様な場で、もっぱら私的領域に位置づけられながらも、現実には多様な社会関係を生き、実際の労働に携わっていた女性たち、彼ら彼女らに、歴史的位置を戻してあげるような研究の組織化が追求されていた、といったらよいであろうか。それは、ジェンダー関係を視野に入れた社会史の枠組みに、女性史を位置づけるものでもあったといえそうである。

日本において、ちょうどペローの位置を占めていたのは、おそらく脇田《わきた》晴子《はるこ》(一九三四～二〇一六)の存在である。みずからの専門であった中世史から広く視野を拡大した脇田氏を中心として、一九七七年から組織されたという女性史総合研究会による研究の組織化と発展が、まさにフランスの例とも対応する好例といえるのではないだろうか。いずれについても、その成果のより立ち入った検討は、私の力の範囲を超える。みなさんがそれぞれに、関心のある時代や階層について女性のあり方がどこまで明らかにされ、そこからどのようなあらたな歴史の見方が開けてきているのか、みずから勉強してみることを強く勧めたいと思う。

なぜなら、多くの場合、一見すると時にマージナルな課題であるかのような女性をめぐる実態状況の把握から、たとえば、その時代における権力構造のあり方や、あるいは社会支配の正当性論議のポイントが、見えてくるかもしれないからである。ただ単に、女性について分からなかった点を明確にする、というだけではない。その解明を通じて、男女のジェンダーやセクシュアリティをめぐる、その時代の価値規範をめぐる、全体的な状況の認識、あるいは建前の言説と実際の状態との不一致といったような諸点が、つぎの問いへと道を開いてゆく可能性は大きい、というべきであろう。

また、そのようなジェンダーをめぐる問いにおいて、ヨーロッパ近代が普遍的な原則として打ち出した「人権思想」を基盤に考える、という姿勢は、日本でも共通理解になってきているのではないかと思われる。ただし、そこを起点にあらゆる社会におけるジェンダーのあり方を、「平等か抑圧か」といった尺度で切り取って捉えようとするならば、むしろその社会への偏見を募らせる結果につながりかねない可能性も潜んでいる。あるいは女性が置かれている現実を、「救済というレトリック」のなかでのみ意味づけてしまうおそれもある。そのような問い返しがまた必要なのだということが、現在のイスラーム社会における女性の現実を問う研究によって指摘されている点には、注意したい。歴史研究においても、ジェンダーをめぐるみずからの問いの位置づけや、その問い方自体を、つねに検証の俎上に置く姿勢が求められる、ということにほかならない。

12 比較というまなざし

一　比較史という考え方

基本的視座としての比較

われわれは日常的に、これはいかにもアメリカ的だとか、あるいは日本的だとかといった表現をする。ふつうに暮らしている分には、そういう表現でもかまわないともいえるが、しかしよく考えてみると、そんなに単純に決めつけてよいものかという疑問が、湧き出てこないはずはない。

ある社会の特徴を指摘するためには、その社会だけ見ていては分かるはずがない。また、その社会内部にもさまざまな差異が存在することに、気づかなければならない。いくつかの社会をつきあわせてみて、はじめて違いも共通性も捉えられる可能性が出てくる。

歴史を学び、歴史を考えるにも、比較という視座は基本的なものである。それぞれの社会のあいだの差異と共通性、それぞれの時代のあいだの差異と共通性。これらをしっかり理解しようとするならば、比較してみるという姿勢は不可欠である。

ある社会の特徴とか特質とかをいうためには、いくつかの社会を対照してみなければ説得力をもたない。「井の中の蛙、大海を知らず」では困るし、裸の王様でも困るのである。

その場合に、あらかじめ注意したいのは、ここまでにも何回か触れてきた、つぎの点である。すなわち、ある社会の文化とは、その社会がおかれた場所に固有ではあっても、しかしまったくの閉鎖系で、一種の純粋培養のように形成されることはない、という点である。文化は、つねに多様な要素が混ざり合ったものとしてある。その要素は、社会の内部で生成されたものもあれば、外部から到来したものでもありうる。混ざり合いの要素や度合いの違いは、あるときには文化融合として、ある場合には文化衝突として、認識されるものとなる。

過去に照らして現在を知る

たとえおなじ社会であっても、現在のあり方と過去のそれとを比較してみる観点は、重要である。これは、歴史を問う基本姿勢にも関係している。歴史について問いかける、歴史について知るということは、たんに知らなかったことを知りたいという知的欲望を満たすためだけではあるまい。過去に照らして現在を知り、未来への知恵を働かせるために資することでもあるはずである。

そこには、現在では自明と見なされていること、あたりまえだから改めて根拠を問われることもない、といったことがらについて、いったいいつからそう見なされているのか、それ以前がそうではなかったとしたら、なにが変わって、なにゆえに自明性が成立したのか、と問い直すことも含まれている。現在われわれが当然のように享受している、衣食住をめぐるさまざまな状態は、歴史的にみればそれほど古い過去に成立したものではない。

これは、異なった社会どうしの比較対照ではなしに、同一社会の異なった時代どうしの比較といえるであろう。

たとえば、第4章で取り上げたような時間の感覚、あるいは時間の意識といったものを、想起してもらえばよい。現在では自明のようになっている時計の時間に準拠した生活は、もちろん歴史的過去のいつの時代にもそうだったわけではない。では、時計のある時代とない時代とでは、時間の感覚はどのように異なり、社会生活の仕組みや考え方は、どのような違いを示すのであろうか。逆に、共通する意識や感覚は、どのような面でみられるのであろうか。こういった、比較対照の考察を歴史的に試みるのである。それによって、現在の歴史的性格も浮かびあがってくるであろう。

二　ブロックによる比較史の提言

比較史の定義

歴史学における比較考察は、どのようになされるのであろうか。これについて、早くからその重要性を指摘した歴史家として、マルク・ブロック(一八八六〜一九四四)をあげることができる。

ブロックはフランスの中世史家として、フェーヴルとともに『アナール』誌の創刊に寄与した人であるが、ひろくヨーロッパの各地へと広がる視野をもって、たいへん優れた仕事を残した。ユダヤ系の出自をもっていたこともあって、ナチ占領下のフランスでレジスタンス運動に身を投じ、残念ながら捕えられて銃殺されるという、悲劇的な最期を遂げたのであった。

彼は一九二八年の論文において、つぎのように比較史を定義している。この論文は高橋清徳《たかはしきよのり》氏によって『比較史の方法』という表題で翻訳されているので、引用させてもらおう。

ブロックによる定義とは、「一定の類似性が存在すると思われる二つあるいはそれ以上の現象を選び出し、選び出された現象それぞれの発展の道筋をあとづけ、それらの間の類似点と相違点とを確定し、そして可能なかぎり類似および相違の生じた理由を説明すること」というものである。

これはきわめて一般性の高い定義である。この定義を受けて、彼は二種類の比較の仕方を提起し、いくつかの具体例をあげて検討している。われわれもブロックにならって、彼の二つの考え方を取り上げ、われわれなりの具体例で考えてみよう。

二つの比較の方法

ブロックがあげている一つ目の考え方とは、こうである。

「比較すべき現象が、時間的にも、空間的にも、いちじるしく隔たっているために、あきらかに相互の直接的な影響関係によっても、あるいは、いかなる意味の起源の共通性によっても、その類似が説明されえない場合」の比較である。

たとえばわれわれは、基層文化におけるある種の共通性、あるいは類似性といった点を、想起できるであろう。日本とフランスという、まったく異なった社会ではあっても、日本の道筋に置かれた道祖神や祠《ほこら》にあたるものは、フランスではキリスト教を基盤に十字架や聖人像、あるいは道筋の礼拝所として存在した。それらへの祈願は、社会の安泰や豊穣への祈りであったり、安産や病気治癒や無事故安全への祈りであったりした点で、両社会で共通している。この両社会以外でも、似たような現象を指摘できる可能性は高い。

その場合、たんに現象的な類似を指摘するだけではなくて、それぞれの社会においてどのような事物の捉え方と関連していたのか、いかなる信仰の様相と結びついていたのか、あるいはまたどのような仕組みで維持され、継承されていたのか、といった点で比較検討することが肝心となる。

民間療法についてであるとか、生産道具の類についても、それぞれ西洋医学の進展以前においてとか機械生産以前において、かなりの類似点を見出すことができる。それらには、多くの場合は起源の共通性とか影響関係は

図 12-1　脱穀に用いられた「クルリ棒」(版画は *Vie des Bretons* 前掲書より引用，写真は *La France paysanne* 前掲書より引用)

版画はブルターニュ地方の 18 世紀末から 19 世紀初めの情景描写であるが，20 世紀初めになるまでフランス各地で使われていたことは，写真の方から分かる．フランスでは「フレオ」と呼ばれるこの道具で，麦やソバの実が穂からはずされた．同じ仕組みの脱穀棒は，日本でもまた用いられており，日本では乾燥させたあとの豆類などにも使われたらしい．

想定しがたいのである。

ブロックのいう二つ目の考え方は、こうである。

「比較すべき現象が、隣接した地域にかかわると同時に、同時代のものであり、相互に絶えず影響をあたえあっており、発展の過程において、まさにその近接性と同時性とのゆえに、同一の大きな原因の作用に支配されていて、少なくとも部分的には共通の起源に遡りうる場合」である。

たとえば、一五、一六世紀のヨーロッパにおけるルネサンスの場合を例としてあげることができる。ルネサンスの動き、すなわち古典古代に模範を見出すとともに、建築・彫刻・絵画といった造形芸術や、詩作、思想、技術の構想などにおいて、相互に関連しながら飛躍的な展開をみせた知的・文化的運動である。

この運動は、イタリアのトスカーナ地方の中心、国際的な経済都市でもあったフィレンツェを先駆として展開するが、その動きはアルプス以北のヨーロッパでも、時差を伴ってみられるようになる。隣接した諸地域に類似の現象が起こるのだが、それぞれの動きは相互に影響関係をもっていた。

イタリアの諸都市と、交易において密接な関係にあったフランドルの都市、たとえばブリュージュのようなところでは、のちに「北方ルネサンス」といわれるようになる展開が、かなり早くから起こった。フランスの場合には、レオナルド・ダ・ヴィンチを招聘したフランソワ一世のような国王であるとか、アンリ二世の王妃カトリーヌ・ド・メディシスなど、王侯貴族による導入という性格がある。このカトリーヌは、ルネサンスの推進者として「イル・マニーフィコ(偉人)」と呼ばれたフィレンツェの富豪、ロレンツォ・デ・メディチの孫の娘である。

ルネサンスといわれる運動は、イタリアで最初に展開しはじめたので、なによりもイタリア・ルネサンスといわれる。しかしその他の地域でも、類似の展開が生じた。それらはイタリアからの影響を受けながらも、それぞれの場所の特徴に応じて、相当の差異を伴って展開していった。これらの各地でのルネサンスを比較対照するのが、この第二の場合の考え方である。

ほかにも典型的な事例として、一九、二〇世紀における工業化の国別の比較などを想起してみてもよい。これは、日本の戦後歴史学が重要な研究課題としていたものである。

三　比較史の観点の発展

三つ目の方法

ブロックは、その提言において、以上の二つの考え方を説明している。彼の死後すでに七五年が過ぎて、ブロックの提言はいまだに新鮮にみえる。つまり比較史の方法は、きわめて重要であるにもかかわらず、必ずしも多くの成果をあげてこなかった。個別事象の探究に特化した研究が、あまりに多すぎたともいえようし、大きく論を張る知的冒険が少なすぎたともいえよう。

しかし歴史学の展開と知見の拡大とを手にしたわれわれは、ブロックの提起にたいし、少なくともさらにもう二つの考え方を付け加えることができると思われる。

三つ目の考え方とは、こうである。

「比較すべき現象が、時間的にも、空間的にも、隔たってはいるが、なんらかの交流関係や、起源の共通性などが、推定されるような場合」である。

これについては、東西交易を通じてのもののやりとりと、情報の流通とを考えてみれば分かるであろう。日本の正倉院の宝物に、遠くガンダーラ美術の影響が見られることは、多くの人が知っている。大草原を抜けるルートや、砂漠のなかのオアシス都市を結ぶルートを通じて、またインド洋から東南アジアの海を経て東アジアへといたる海の交易路を通じて、思わぬ遠隔の地域どうしが文化などの共通性を示すことがありえるのである。

西アジアや北アフリカにおいて都市が形成される場合の、迷路型の街路構造なども例となるであろう。迷路型というのは、もちろん外部の人間にとってということであるが、それらの地域のイスラーム都市に存在する歴史的街区は、共通してそのような構造を示している。イスラームだから共通しているのだと、考えたくなる。しかし、まだイスラームが存在しない時代、たとえば西アジアの古代都市遺跡からも、袋小路をもった同様の迷路構造が出てきている。となれば、そこには気候的な条件や安全上の配慮など、別の論理が働いていたと考えられる。そこに、イスラーム世界における一種のプライヴァシーの考え方が付け加わって、さらにそのような構造を持続発展させたと、推定することができるかもしれない。

同様に、西アジアから北アフリカを経てイベリア半島にいたる地中海域の都市では、多くのところで、歴史的家屋がパティオ(中庭)構造を特徴として伝えてきた。稠密な迷路型街路に面した外側はおそろしく素っ気なく、しかしひとたび内側にはいると見事なパティオが内部空間を秩序づけ、その家屋の住民に憩いとやすらぎを与えている(図12-2、図12-

図12-2は，シリアの首都ダマスカスの旧市街にある民家の素っ気ない外観と，緑が豊かに配された中庭(パティオ)．外の扉を開けてクランク状にはいってゆくと，見事な中庭が出迎えてくれる．図12-3は，スペイン南部の古都コルドバの旧市街，きわめて狭い街路に面した素っ気ない白塗りの入口外観と，しかし中庭には驚くほどの緑が豊かに育てられているようす．ここではクランク状ではなく，外扉からストレートに中庭が望める．いずれも40度を超す外気温のなかでも，緑の中庭はじつに気持ちのよい涼やかな居心地を用意している．

図 12-2(上)，図 12-3(下)　素っ気ない外観と見事なパティオ（いずれも筆者撮影）

3参照)。こうしたパティオ構造は、やはり西アジアに残る古代都市遺跡からも認められるようであるが、時代や地域ごとにどのような微妙な差異を示しているのであろうか。それは何に由来するのであろうか。また共通性は、気候条件がもたらしたものであろうか。宗教や社会関係は、どのように作用していたのであろうか。比較にもとづくこうした問いは、まだ開かれたままである。

四つ目の方法

四番目は、つぎのような考え方である。

「比較の対象となるのが同類の現象や問題領域で、あるおなじ社会や国であっても、異なる時代を捉えて比較対照することで、時代による特徴が明確になる場合とか、あるいは別の社会や国を捉えた比較対照によって、その問題についてのそれぞれの社会や国の特徴が明確になる場合」である。

その場合、相互の影響関係とか交流関係はさしあたり問題ではないし、また起源の同一性があるかどうかといった点も、問題ではない。

たとえば、国家統治における政治的儀礼について、歴史的に比較検討してみようといった事例がこれにあたる。古代における天皇の巡幸と、明治以降の近代天皇制のもとでの巡幸とを、比較検討してみるという選択もありうるであろう。また天皇の巡幸と、ヨーロッパでの国王の巡幸とを比較対照してみる、という選択もありうる。その儀礼的、あるいは象徴的な意味、または力の誇示や支配地の確認という実質的な意味など、歴史的な文脈の違いを押さえながら比較考察することは可能である。

ほかにも事例は多様にありうるから、各自、さまざまに考えてみてほしいと思う。

たしかに、一人の歴史研究者が、まったく異なる時代や社会を複数、史料の大もとにさかのぼって調査研究してゆくことは、むずかしい。ごく限定的な対象についてならば可能であろうが、多方面についてそれをおこなうことは、時間的にも能力的にも困難である。したがって、ある種の個別の専門分野をもとにした分業を前提にして、共同研究を遂行する方が、多くの場合に現実的であろうと考えられる。しかしいずれにしても、ある歴史的な事象の特質を理解しようとするならば、他の時代、他の社会との比較対照という観点を抜きにしては、捉えがたいといわなければならない。

じつは多くの場合、プロの歴史学者も、しばしば暗黙のうちに比較対照をしているのである。みずからの生きている現在との対照であるとか、自分が学んできた歴史的な知識であるとか、あるいは実際に経験してきたことがらとかと、比べてみている。そして自分の解釈を試みているのである。それを、暗黙にではなく、しっかりと意識して試み、必要に応じて比較対照の方法を修正できるように試みる必要があるのだ、という点を強調しておきたいと思う。

「文化の三角測量」という方法

ここまで「比較」という方法的態度の重要性について見てきたが、日本を代表する文化人類学者の川田順造《かわだじゅんぞう》氏は、かなり以前から「文化の三角測量」という方法を、「発見的」な成果をもたらしてくれる重要な比較方法として提起しておられる。これは、川田氏自身のこれまでの文化人類学者としての調査と考察とを踏まえておられるだけに、歴史学の場合にも大いに参考に値する。

川田氏は、東京に生まれ育ったご自身の経験に加えて、日本にかんする民俗学や歴史学の研究成果を踏まえる一方、みずからの学問の方法としてはフランスの人類学をレヴィ＝ストロースのもとで身につけ、その主たる調査研究のフィールドはサハラ以南の西アフリカの地域社会を中心としてこられた。そして最初は留学の地として滞在したフランスについても、過去の習俗文化を含めて、文化人類学的な研究考察の対象とされる。二つの異文化間の比較対象だけでなく、「まったく異なって見える三つの文化を、あえて比較してみることで、一つの文化だけを見ていたのでは気づかなかった隠れた意味を、発見することが可能になる」というのである。

歴史人類学的な研究のあり方に若いころから興味をもってきた私自身、本書の第14章でも少し言及するように、主にアフリカを研究考察の対象とされた川田氏のお仕事からは、大いに啓発されるところがあった。土地の三角測量に準じて川田氏が提起される「文化の三角測量」についても参考にすべきことは、いうまでもない。

そのうえで押さえておくべきは、グローバル・ヒストリーという方法についても指摘できるが、このような比較研究考察が可能となるためには、個人であれば幅広い専門能力だけでなく高度な多言語能力が求められ、現地調査なども含め時間的にも相当に準備が必要になることである。おそらくは多くの研究者によるさまざまな成果への参照や、組織的な共同研究が、これまで以上に求められる時代がきている、とも考えられるのである。

13 政治と文化の再考

一　歴史研究における政治理解の変化

旧来の政治史

一九世紀における近代歴史学の成立以降、国家政治はながらく歴史研究の中心に位置していた。さまざまな時代の政治体制を扱う国制史や、法令の制定や変遷を分析する法制史、議会での法律や政策をめぐる論議を扱う議会史、あるいは政治家や政治思想家など個々人を伝記的に取り上げる人物史、といった分野をあげることができる。

さらに国家間の関係を取り上げる政治史が、ある場合には外交史として、ある場合には戦争史として研究されてきた。戦争史は、当然ながら軍備や軍隊制度、軍事戦略の歴史とも関係してきた。あるいは植民地などをめぐる覇権争いや、植民地の支配をめぐる歴史的な研究も、これに含めることができるであろう。

これらの従来からの政治史が研究してきた分野は、いずれも重要であって、現在でもそれらが意味を失ったわけではない。しかし、しばらく前から、政治史の考え方には大きな発展、ないしは転換が生じている。

新しい政治史の発想

あらたな展開についての整理の仕方は、さまざまにありえるだろうが、ここでは五点に括ってみておきたい。

第一は、政治を国家という枠組みだけで捉えるのではなしに、考える単位を多様化してゆくという展開である。たとえば、多様な地域的まとまりを設定することによって、おなじ国家政治を考えるにしても、国家内部の多様性をどのように統合していたのか、といった視点の設定が容易になる。すでに第5章「歴史の重層性と地域からの視線」において触れたところである。あるいは、個別の諸国家を包摂するような広域の地域世界の諸関係を設定してみることで、その国家の政治があらたな位置づけをあたえられることもあろう。

第二は、制度から実態へ、建前から現実へ、という視点の変化である。法律至上主義を排する立場、といってもよい。もちろん、制度の制定とその変化を追究することは重要である。それは否定しようもない。しかしまたいうまでもなく、制度の文面は現実に生じた事象や法の適用とは別である。分かりやすい例をあげるとすれば、贅沢禁止令といったような禁令が繰り返し出されていたとすれば、おそらく現実にはなかなか実効性が伴っていなかったのではないか、という推論から、実態の探究に向かう必要が感じられるであろう。

第三には、支配者対被支配者という二項対立の図式から自由になって、政治を考えてみる姿勢である。一方に、強制力を備えた支配者、他方に、もっぱらそれに従属するばかりの被支配者、という単純な理解では政治は分からない、ということである。もちろんそれは、支配の問題をぼやかすためではない。支配あるいは統治を政治的に可能にしていた仕組みを捉えるためである。たとえば第10章でみたように、歴史的に形成されていた中間社団を利用して統治の仕組みがたてられているような場合、その団体の側からすれば、認可してもらって秩序内に組み込まれる代わりに、みずからの権益を確保するという、一種の持ちつ持たれつの関係が認められる。代議制民主主義の政治体制が成立する以前の、いわゆる前近代においても、支配者ないし支配階層にあたる身分の人びとは、つねに一方的に強制力を発揮できたわけではない。支配の仕組みは、はるかに複層的に成立していたことを見逃してはならない。

第四に、権力概念の転換という点である。たしかに、直接的に強制し、禁止を施す権力は多くの時代に存在する。現代においても全体主義国家の場合に明瞭なように、自由な移動はもちろん、発言さえ厳しく統制されていたこともあった。強制収容所や政敵の抹殺は、その極端な例である。歴史を考える場合にも、このような権力の側面を見落とすわけにはいかない。

しかし、このような強制と禁止のみで、権力を理解できたと思ったら間違う。なぜなら、ある価値や意味を積極的に生み出すことによって発揮される権力、という面が見落とされてしまうからである。よりよい価値を求めようとする人びとの当然ともいえる願望から、権力関係が微細に立ち上がってくるということが、ありうるのである。たとえば、人が衛生的で安定した生活を求める願望は、それ自体としては否定されるべきものでないのは当然だが、しかしそのような価値意識が、そうではない人びとや状態を差別し、排除する意識につながるとすれば、そこに権力関係が生じてくるであろう。スラムクリアランスのように、それを強制的に変えさせようとする動きが現実化すれば、その権力関係は明示的になる。

これに関係して、合意や支持をどのように取り付けていたのか、という点が重要になってくる。一般に近代国家の権力は、強制的な暴力を直接前面に出すのではなく、むしろ公的な福祉やサーヴィスを、その前提にある価値観とともに広めることによって、統合力を発揮してきたのである。

第五には、政治的な象徴や表象をめぐる分析の重視である。人びとは、物質的な損得のみで動いてきたのではない。象徴や表象の重要性を理解した支配者は、意図的にそれらを操作し、暗黙のプロパガンダを仕掛ける。ナチによる煽動の技術や、アメリカ大統領選挙のさいのイメージ戦略などは、その端的な事例として想起できるであろう。しかしことは現代に限らず、たとえばルイ一四世のような国王やナポレオンのような支配者も、きわめて意識的にイメージ戦略を仕掛けていたのであった。

二　政治における儀礼と表象

政治的儀礼の意味

アメリカの人類学者クリフォード・ギアツは、一九八〇年に刊行した『ヌガラ——19世紀バリの劇場国家』という本において、国家の考え方にかんするつぎのような重要な提起をしている。すなわち国家(ステイト)という概念には、三つの意味が含まれている。第一はエステイト、つまり地位であるとか、身分、状態を意味する。第二はステイトゥリネス、すなわち威厳があるという意味で、その威厳、権威を華麗に誇示するという含意をもっている。そして第三がステイトクラフト、すなわち国家統治、君臨や支配の技術と仕組みを示す。

じつは一六世紀以降の西ヨーロッパで、第5章でみたように主権国家理論や近代政治思想が立ち現われて以来、政治的考察における国家、政治史における国家は、もっぱら第三の意味において理解されてきた。つまり機能合理的な観点から政治統治技術に着目する形で、取り上げられてきた。しかも第一、第二の意味が重きをなす状態から第三へと移行してゆくことが、国家の歴史における進歩と見なされた。それは、ときには脱魔術化、すなわち近代化の一つの指標とも見なされた。あるいは第一、第二の意味は、権力の脅威への恐れを吹き込んだり、権力や搾取を隠蔽するためとする、操作主義的な捉え方ですまされてきた。

しかしそれではすまない、というのが、一九世紀のバリ島の政治と社会を事例としたギアツの提起である。彼のいう劇場国家とは、いま述べた三つの意味が不可分に組み合わさった国家を意味している。その背景になっていたのは、宗教的な世界観が現実の社会の動きにつねに関与していた状態である。

これは、なにも一九世紀のバリに限らないであろう。また近代国家においても、政治的儀礼の意味はたんに機能的な、あるいは操作主義的な観点ですませられるほど、単純ではない。儀礼を通じて、たえず伝統が更新されたり、あらたに創出されてきた事例を指摘する

図 13-1　バリ島，ウブドの中心街を行く儀礼の行列(筆者撮影)

バリ島では現在(20 世紀末)でも，冠婚葬祭の儀礼が，しばしば地区の名望家の主宰のもとに大規模に，多くの地元住民が参加しておこなわれている．ギアツの「劇場国家論」を想起させ，政(まつりごと)が祭事と不可分だったかつてをしのばせるものがある．

ことは、さまざまな近代国家について可能である。たとえば国王や皇帝による行幸とか壮麗な行進、あるいは革命記念日の軍隊行進などを想起すればよい。

表象をめぐる闘争

人が世界を認識し、認知する。それを「こういうものだ」と思い、さまざまな手法で描き表わす。それが表象（リプリゼンテイション）である。言語による表象もあれば、図像や身体行為によってなされる表象もある。政治についてのそれを、政治的表象という。自分たちが考える政治とはこういうものだとして表象することは、同時に政治的な代表行為をも意味しうる。リプリゼンテイションとは代表でもあり、上演することをも意味する言葉である。

表象は個々人によってなされるものであるが、政治的表象は、ある範囲で共通な社会的、集合的な表象として現われるのが一般である。つまり複数の人びとが、共通の、あるいはほぼ共通するような表象を表出し、共有しあう形となる。しかし、ある社会や国家が、単一の表象体系によって持続的に覆いつくされるということは、まずない。つまり、複数存在する方が一般である。そこで、それらの世界理解の仕方のあいだで、主導権争いが生じることがある。世界についての解釈と意味づけの争い、表象をめぐる正統性の争い、である。

現実を動かす力は、金銭関係であったり、暴力的な強制力であったりもするだろうが、また、こうした表象をめぐる闘争に由来するものでもありうる。たとえば一八世紀のヨーロッパにおける、神に由来する身分制という考え方と、自然権にもとづく個人の自由という考え方の対立は、たんに政治的権利をめぐる抗争だったのではなく、世界理解にかかわる表象の衝突だったと理解できる。二〇世紀末になってアメリカ合衆国主導の形で表面化してきたグローバリゼーションの言説や政治と、それへの反グローバリゼーション、あるいは対抗グローバリゼーションの言説の場合も、同様である。そこでは、直接的な貧富格差の問題や、経済原則と政治的発言権をめぐる問題のみでなく、表象の衝突という側面があることを見逃してはいけない。

三　歴史研究における文化理解の変化

伝統的な文化史

政治史とならんで文化史は、一九世紀に成立した近代歴史学の中心テーマであった。その場合の文化史とは、それぞれの時代における傑出した思想や文学と、それを生み出した思想家や作家とか、美的価値が高いと見なされた絵画・彫刻などの造形芸術作品とその作家、あるいは音楽作品とその作曲家が、主たる研究対象であった。いわゆるハイ・カルチャーである。

その場合でも、一般には作品そのものが対象

図 13-2　イタリア・ファシストの祭典(*L'Histoire*, No. 201, 1996, より引用)

1942 年 5 月 18 日，ローマのヴィットリオ・エマヌエーレ 2 世記念堂の前でおこなわれた儀式で，イタリアの軍隊と帝国的発展を讃えるものである．1921 年に，ここに第一次世界大戦の戦没兵士の墓が設置されたことによって，「イタリア統一の父」を記念する場所は「イタリア愛国主義」を鼓舞する場所へと，新しい意味づけを与えられていた．「統一と愛国」のイメージ，ファシストはそれを最大限に活用しようとしたのである．

化されることはあっても、作品とその作品の作者が生きていた時代とのかかわり、とくに同時代の社会経済や政治とのかかわりをめぐる問いは、深く探究されることはあまりなかった。さらに同時代の、のちの表現でいえばサブ・カルチャーにあたるものは、ほとんど文化の名に値しないもの、と見なされていた感がある。しかし政治の捉え方が変化したのと同様、文化の考え方も大きく変わってきた。

新しい文化史の問いかけ

ここでも五点に括って整理してみよう。

第一には、文化で意味する範囲が、生活の様式や考え方、世界観につながっているような、時代や社会に応じて多様でありうる文化へと広げられた。生活文化を重要な一側面とするような、人びとが生きるうえでの世界の捉え方、みずからの価値体系と判断、行動の仕方の総体を意味する、文化人類学でいう文化である。この考えに立てば、文化のない社会などはありえない。

第二には、文化の差異のあり方、多様性への着目である。かつてのドイツでなされたような「時代精神」といった包括的な括り方ではなく、おなじ社会や時代でも社会層によって、あるいはジェンダーによって、さらには地域差によって、文化は多様な側面をもちうると考える。そこから、それら多様な諸文化の関係が問題とされる。そのうえで、ある時代の支配的な文化、基調をなすような文化のあり方を指摘できるかもしれない。というのも、多様な諸文化は、決してフラットな対等の関係において位置しているのではなく、多くは価値のヒエラルヒーにしたがって階層秩序化されているからである。すなわち、正統な文化とそうではない文化とに仕分けされているのである。

第三は、生産と消費という二項対立の発想への批判である。一方に文化を創出するものがいて、他方にそれらを受容し、消費するものがいるという理解ではなしに、作品を見たり読んだり、あるいは使ったりすること自体が、つまり一般に「受容」や「消費」と見なされる行為自体が、ある意味を作り出しているのだという理解である。作品は、つねに作者の意図どおりに受けとめられるわけではない、という点に思いを致せば分かりやすい。そのうえで、積極的に事物を生産して世に問いかけるものと、そうではないものとがあるのだということは、留意しなければならない点であろう。これは、現代史におけるメディアの問題を考えるような場合には、欠けてはならない視点である。

第四は、文化的な再生産への問いである。文化は、時代から時代へ、世代から世代へと受け継がれてゆくが、その継承の仕組みを明らかにする課題である。伝統といわれるような場合でも、ある事象が自動的に伝承されるわけではない。どのような仕組みによって伝承され、またどのようなあらたな時代的文脈のなかで変容をこうむってゆくのか、正統化の過程はいかに成立しているのか、といった諸点が問われる。

第五には、以上の諸点を受けて、多様な文化どうしの出会いの様相が問われる。同一社会内部での出会いや衝突は、しばしば支配や規制、あるいは排除を結果することがあった。異なる社会どうしの交流による文化衝突や文化融合についても、古くは古代文明の成立についてから、また新しくは植民地支配に伴う「クレオール」文化の形成にいたるまで、さまざまな問いが必要になるであろう。ある地域の諸条件に根ざした固有の特色をもった文化、ということはありえるであろうが、しかしまた、完全に外部から遮断された地域社会が歴史的にはありえないように、それぞれの地域の文化もまた、それぞれの時点における内部と外部の接触のうちに育まれたものである。純粋文化などというものは、そもそもないと考えた方が正しい。

政治と文化のかかわり

かつての歴史研究においては、しばしば政治は政治、文化は文化と、両者はまったく別個の領域であるかのように扱われることが多かった。せいぜい、芸術家がある政治勢力によって保護されていたとか、支配者グループによる芸術家の保護育成などについてが、政治と文化のかかわりとして取り上げられた。しかし、この章で見たような政治の考え方、文化の捉え方に立つならば、両者の接点は、もっと本質的なものとして浮かびあがってくる。

たとえば政治的表象のあり方は、まさしく文化にかかわる。異なる文化どうしの出会いと支配や規制は、政治の問題以外ではない。多様な諸文化に、価値のヒエラルヒーにしたがった正統化や非正統化の仕分けがつけられるとすれば、それは社会における支配のあり方、すなわち政治の問題に直結している。事例はさまざまにありえよう。革命や改革における、廃藩置県や暦の改変、言語統制などを端的な例として想起できるであろう。それらは同時に、政治の問題であるとともに文化の問題にほかならない。

14 歴史と記憶または歴史と現在

一　歴史学の歴史または歴史叙述の歴史

近代歴史学の成立

人が過去や現在について書きしるし、それを後世に向けて残しておこうとする営みは、人が文字を手にして以来、古くから認められるものであろう。しかし、近代的な学問としての歴史学の成立は、そんなに古いことではない。一九世紀のヨーロッパから成立していったこの歴史学は、おもに文献史料、とくに公文書といえるような文献史料に依拠して、歴史的事実の確定を行い、それを基礎にして歴史的過去の変遷を明らかにしようという姿勢をはっきりさせたものであった。これについては、すでに何回か言及してきたところである。

大学のような高等教育機関に講座が確保されることとならんで、専門学術雑誌が刊行されることは、こうした学問の位置の確立にかんする基本的な指標になる。なぜなら、その分野における研究の、恒常的な再生産と伝承が可能になるからである。それはまた、そのような学問の正統化の過程でもある。この点で先行したドイツでは、『ヒストリッシェ・ツァイトシュリフト（史学雑誌）』が一八五九年に創刊され、イギリス、フランス、イタリアといった国々でも、一八七〇年代から八〇年代にかけて、つぎつぎに創刊されていった。アメリカ合衆国ではやや遅れて、一八九五年に『アメリカ史学雑誌』が創刊されている。

日本では、一八八九年(明治二二年)に『史学会雑誌』(現在の『史学雑誌』の前身)が創刊されているから、欧米に比してそれほど遅かったわけではない。これには、ドイツ人教師として東京帝国大学に派遣されてきていたルートヴィッヒ・リース(一八六一〜一九二八)という人物の存在が、大きく関与していた。彼は、ドイツ文献史学の基礎を固めたレオポルト・フォン・ランケ(一七九五〜一八八六)の学統を継ぎ、日本にもそれを根づかせようと腐心したのである。

近代歴史学は、その成立の時代的な文脈から、いずれの国にも共通する性格を帯びていた。それは、自分たちの属する国家の発展の足跡を確認する、という姿勢であり、ある場合には国民国家としての成長を確認したり、その基礎を求めたり、あるいは文明のなかでの位置を確かめようという、きわめて現実的な要請と照応したものであった。しかもそれが、政治的な自己主張ではなしに、客観的な史実を明らかにすることによって、客観的な歴史として定置できるのだとして、学問的位置を確保したのである。

支配の正当化と記録

先述のように、近代歴史学が成立する以前から、もちろん歴史への関心は認められる。したがって歴史的な叙述もまた、古くから洋の東西を問わず存在してきた。そこに共通していたのは、歴史を記憶との関係で捉えているという性格である。すなわち、事業や出来事を忘却にさらすのではなくて、書きとどめておこうとする姿勢である。ということは、いかに偉大な業績であっても、時の流れとともに風化してゆく、忘れ去られてゆく可能性があることを、かつてより人は意識していたということである。

これは、政治支配者による正史とか年代記作成の場合にも同様で、そこには、過去を援用した支配の正当化と、みずからの事跡の記録化という、二重の目的が存在していたのが一般である。忘れられないように記録にとどめるという行為は、巨大な建物や墓といった支配のモニュメントを空間に設置する行為と、根はおなじである。

西洋史の場合には、歴史的叙述の先駆といえば、ヘロドトスの『ヒストリアイ』があげられるのがつねである。紀元前五世紀なかばに記されたと見なされているこの本の表題が、ヒストリーの語源となった。しかしヘロドトスにあっては、今日の「歴史」という意味よりもはるかに広く、ほぼ「研究」という意味あいで用いられ、内容も「見聞録」にちかい。各地を旅行したさいの見聞と、ペルシア戦争のギリシア側からの記録という性格で、そこにうかがわれる盛者必衰の世界観は、日本でいえば『平家物語』にも通じよう。

『平家物語』がそうであったように、歴史の語りは叙述ではなく、口頭伝承でなされることもあった。トロイア戦争を伝える歴史的な大叙事詩『イリアス』にしても、もともとは語りによる歴史の伝承であった。もちろん、それがわれわれにまで伝わっているのは、口頭伝承がどこかの時点で文字に定着させられたからである。どの時点でどのような過程を経てテクスト化されたのか自体が、歴史の研究にとってはたいへん重要な文献学的前提として問われることにもなる。ときに口頭伝承の世界では、文化人類学者の川田順造氏が教えてくれるアフリカの場合のように、太鼓言葉という、われわれの虚をつくような表現・伝達手段をもつことさえあった。いずれにしても、そこでは物語と歴史とは、不可分である。ヒストリーという言葉には、現在でもこの二重の意味が含まれている。

近代歴史学は、この物語と歴史とを分離して、史料批判にもとづく客観的な歴史の定置が可能だという立場を鮮明にしたのであった。この点については、次節でさらに考えてみよう。

二　社会的記憶としての歴史

集合的記憶の確認

語られたものであれ、記述されたものであれ、過去についての言説である歴史とは、社会的に共有されることによって力をもってくる。歴史学の研究にもとづく歴史の叙述や語りについても、この点はまったく同様である。記憶もまた、個々人の脳細胞に記しこまれるものでありながら、個人が社会的存在である以上、社会的に共有される記憶が存在する。それは社会的記憶、あるいは集合的記憶といいうるものである。こうした記憶のあり方を意識的に踏まえて、あるいはまた無意識のうちに、集合的記憶を形成しようとしたり、あるいは継承してゆこうとする行為が、さまざまになされてきた。

たとえば、戦没兵士のための記念碑建立や、その前で挙行される定期的な追悼式、といった事例が分かりやすいであろう。そこで問題になっているのは、社会のため、あるいは国家のために戦争に出征し、犠牲になった人たちがいたことの記憶化であるが、その意味づけとなると多様でありうる。たとえば、二度と戦争という愚挙を繰り返すまい、という意図でもありうれば、いつまたこういう事態になるかもしれないから軍備を固めよう、という意図が込められることもありうるであろう。

この例からも分かるように、集合的記憶にかんする政治的な解釈がぶつかりあうことは、しばしば生じる。たとえば第一次世界大戦とか第二次世界大戦といった戦争があり、そこである数の、あるいはおびただしい数の、死傷者が生じてしまったという事実は、歴史的な史料をつきあわせることによってかなりの正確性をもって確認できるし、確認しなければならない。こうした場合には、集合的記憶の内容は、かなりな程度において客観的といってよいものでありえよう。しかし、そのような事実と見なしうる対象を、どのような意味づけにおいて捉えるのか。これは解釈の問題である。この解釈には、解釈にあたる人の歴史観や、現在の価値観が不可避的に関与してくる。

したがって、集合的記憶を歴史的に確認するという知的作業には、二重の質の異なる仕事が含まれているといえる。つまり、史資料のできるかぎり多様なつきあわせによる事実の最大限の確認という仕事と、そのうえでの解釈という仕事である。研究の現場では、両者の分別はいうほど簡単ではないのだが、しかしこれらの仕事を混同してはならないという認識態度は、不可欠であろう。

実証主義といわれた近代歴史学においても、史料にすべてが書き残されているなどと考えられていたわけではない。史料を読み解いて事実を確認してゆくには、想像力の働きが重要であることも踏まえられていた。しかしそのうえでなお不十分だった点は、事実の確認作業を行えば、そこからある意味で自動的に歴史の意味が立ち上がってくるかのような観点をもった、ということにある。そのじつ実証的な近代歴史学の担い手たちには、西欧世界の歴史的変遷を基準として歴史を考える進歩主義的な観点が、ということはそのような観点からの意味づけが、暗黙のうちに前提にされていることが見られたのであった。

他方、自分の解釈、つまり意味づけをあらかじめさきに立てて、それに都合のよい史料だけを持ってきて辻褄を合わせるようなやり方は、近代歴史学の経験を踏まえたわれわれの世界にあっては、とってはならない非学問的な態度といわなければならない。まして、史資料を捏造《ねつぞう》して虚偽の歴史を説いたり、都合の悪い史資料を廃棄するような愚挙を犯してはならない。

集合的記憶の継承

集合的記憶は、それが広範に深く根を張っているほど強い力を発揮できるがゆえに、その継承の仕方自体が政治的な問題でもあった。たとえばどの国にも、現在では定着している国民の祝日があるが、それらは当初においては、しばしば政争の対象であった。

革命記念日のような場合には、その点がはっきりうかがえる例がある。いまでは年中行事となっているフランスの七月一四日の革命記念日は、その格好の事例である。この日が国民の祝日として制度化され、社会的にも定着していったのは、一九世紀の末のことであった。それは、第三共和政という政治体制が確立し、フランス革命の継承者を自任する共和主義が定着したことの証であった。そこに至るまで、一八世紀末の革命以後のフランスでは、共和主義と王政の考え方、さらにはナポレオンの事跡を継ごうとするボナパルト派の立場が対立し、競い合うなかで、共和主義はごく一時期を除いて、支配的地位につくことができなかったからであった。フランス革命記念日を集合的記憶として定着させ、継承することは、共和派の歴史的解釈にたった政治的な選択だったのである。

しかしその場合でもなお、この日付にどのような歴史的な意味をこめるのかは、一定ではなかった。七月一四日は、どの七月一四日なのか。一七八九年のそれは、蜂起した民衆によるバスチーユ要塞の攻略という、暴力的な出来事の記憶とかかわる。実力行動を含む本格的な民衆の関与によって、政治が動かされ、革命の道が拓かれた、という解釈である。翌一七九〇年のそれは、革命一周年記念日であったが、しかし立憲王政の線に沿った諸派、諸身分出身者合同の連盟祭という、ある意味で呉越同舟の祝祭の記憶に結びつく。ほぼ一世紀ののちに権力の地位についた共和派は、どちらと特定することなく祝祭の制度のみを決めた。むしろ二様の解釈の余地を残して、ブルジョワ階層も労働大衆もひきつけたのだといってよい。

では、フランス革命の歴史的研究からすればどうなのか。できるだけ史料に則して最大限に、一七八九年、一七九〇年、両方の出来事の事実関係を明らかにしようとするだろう。と同時にまた、それらの出来事が同時代にあってどのような意味をあたえられていたのか、これも史料のつきあわせから解明しようとする。そののち、今度は歴史家みずからの判断による歴史的な位置づけを試みることも、求められる。それは解釈である。そこでは、たとえば民衆の関与をプラスとみるかマイナスとみるかといった、解釈者の判断以外ではないものも関

図 14-1　1880 年 7 月 14 日の国民祭典(Rosemonde Sanson, *Les 14 juillet*, Paris, 1976, より引用)

フランス第三共和政の確立とともに制度化された 7 月 14 日の最初の祝典をたたえる版画．中央の RF はフランス共和国のイニシャル．右上方にフランス革命のさいのバスチーユ攻略が，中央下方には閲兵式が描かれている．ちょうど 1870 年の独仏戦争に敗れ，フランスはアルザス・ロレーヌ両地方のドイツへの割譲を余儀なくされたゆえに，対ドイツ復讐を念頭においた軍備強化には共和派もまた同調していた．左側で三色旗と剣を手に，フランス革命のさいの解放の象徴であるフリジア帽をかぶっているのは，マリアンヌという名で呼ばれた女性像で，共和国を象徴している．戦闘的な強いイメージで描かれているのが印象的である．

与せざるをえない。それはつねに、ある価値基準にもとづいた説得性や論理整合性の問題ではあっても、客観的判断というものではない。その解釈は、歴史を研究する者自身が、みずから属している現在の世界をどう考えているのかと、深く連動したものであらざるをえないであろう。客観性を志向した実証主義の近代歴史家たちが、いまから振り返ればやはりそうであらざるをえなかったように。

だからこそ歴史は、たえず捉えなおしや再評価の対象になるのである。繰り返していわなければならないが、歴史像の構築が不可避的に解釈を伴うからといって、勝手に恣意的に解釈をさきに立て、それに都合のよいデータのみを援用する、といった態度は、政治的プロパガンダではあっても、学問ではない。

三　差異に敏感な歴史の理解へ

差異性と共通性を考える

本書の冒頭で触れたような社会史という主張が、各国の違いはあったにしても共通に登場してきた背景には、一九世紀に成立した近代歴史学の思考法において、国家を枠組みとした歴史の理解がほとんど自明の前提とされていた状態への、批判が存在していたといってよい。

一九世紀以来の国民国家形成の時代には、西ヨーロッパにおいて科学技術の急速な進歩の開始と、工業化の大きな発展が現実のものとなった。日常的な社会生活の様相も、都市を起点として大きく近代化への歩みを速めていった。そのなかで歴史を、ヨーロッパが体現してきたような方向へ進歩してゆくべきものとして考える、定方向的な進歩史観、ないしは定向進化的な歴史観が、さまざまなニュアンスを伴ってではあるが有力になっていた。
それにたいして、既存の自明化した枠組みからはなれて視点を移してみると、どうであろうか。国家内にも、たとえばさまざまな社会層による差異、あるいは男女による差異があったのではないか。あるいは、国家内のさまざまな地域における、国家の名で語られるのとは異なる文化や生活をもった現実があるのではないか。国家の現実とは別のところで機能してきた地域間の関係も、あるのではないか。こういった差異への気づきが生じてくる。

歴史は単純に一筋縄の理解ですますことができるほど、かんたんではない。多様な差異が織り成す関係が、いわば歴史の襞を形づくっている。しかもそれらの襞は、現実の動きのなかで、たえず変形する可能性すらもっている。それは、支配と従属の関係を形づくったり、統制と抵抗の関係であったり、競合とか相互浸透の関係であったりするだろう。おなじ社会層だからといって、あるいはおなじ地域だからといって、すべての人が同様の意識をもち、同様の行動をするわけでもない。

差異をもった地域どうしの、あるいは人びとどうしの出会いは、さまざまな文化の融合や衝突をもたらしてきたのであった。国家とは別個に存在したさまざまな差異は、人びとの文化的・社会的な集団への帰属意識が重層的なあり方をしていたこと、つまりアイデンティティの重層性という点にも、気づかせてくれる。人が人である以上、差異があると同時に共通性もまた必ず存在する。そうした差異性と共通性とが、どのように人びとにまとまりをあたえ、またぶつかりあいをもたらしたのかが、歴史のなかで問われる。

しなやかな発想で歴史を捉えることが未来への目を開く

社会史に見られたような歴史学の展開は、国家という枠組みを自明の前提のようにして歴史を問う一九世紀以来の国家史を批判して、国家内部の多様な枠組みを取り上げ、それら相互の関係を問うばかりでなく、国境線を越えたグローバルな関係史や、比較史の重要性を提起してきた。国家の枠組みに固執する観点からは、しばしば他の国家や地域からの障壁と見なされた海は、むしろ国家と国家、地域と地域を結ぶ重要な連絡路でありうる存在として、再評価された。

差異は、ただいろいろありましたというのではない。国家は、その内部に存在する差異にどのように向き合っていたのか。当然それが問題になるであろう。

たとえば国民国家という政治理念は、平等な国民という位置づけのもとに、地域的な差異の平準化を推進しようとした。それが各地域を、多かれ少なかれ緊張の場に置いたことはたしかであった。差異や多様性を踏まえたうえで、国家による統合の過程や、その過程で生じたさまざまな出来事を問題にし、社会に実際に生きていた人びとがその過程や、それらの出来事をどのように捉え、経験したのか、という観点に立って、あらためて国家や政治過程が問われるところとなる。

二〇世紀の前半からなかばを過ぎるまで、フランスのフェーヴルやイギリスのジョージ・M・トレヴェリアン（一八七六〜一九六二）といった卓越した歴史家たちが先駆的に社会史を主張したときには、同時代の学問状況に対応して政治史への激しい批判が伴われていた。これでもか、といった具合に、政治史は攻撃の矢面に立たされたのであった。しかし現在では、すでに前章にみたように政治史そのもののあり方が変化してきた。そして現在では、社会史を経由したのちに、あらたな射程において政治を捉え、国家のあり方を問うことが問題なのである。

歴史への問いはさまざまに、自分自身の関心から発して当然である。学問的なタブーを設けてはならない。そのうえで、その問いが、政治ももちろん含めたその他の問題との、どのような全体的脈絡のなかにあるのか、その位置づけを、既存の固定観念に囚われずに、しなやかに考えたいものである。そのような歴史への問いと考察とはまちがいなく、現在の歴史的位置を捉え、未来を考えてゆく目を開くことにつながる。

参考文献

特殊研究的な学術書は避けて、比較的広い視野をあたえてくれる単行本を、各章ごとに西洋史関係を中心にしてあげたが、点数には限りがあるので、あくまで手がかりと考えてほしい。配列は著者名の五十音順。新版での補充は、手に取りやすい最小限度の本にとどめた。

1　歴史への問い／歴史からの問い

ジョン・H・アーノルド（新広記訳）『一冊でわかる　歴史』岩波書店、二〇〇三年
『世界史へのアプローチ』岩波講座「世界歴史」第1巻、岩波書店、一九九八年
上村忠男『歴史的理性の批判のために』岩波書店、二〇〇二年
カルロ・ギンズブルグ（上村忠男訳）『歴史・レトリック・立証』みすず書房、二〇〇一年
ユルゲン・コッカ（仲内英三・土井美徳訳）『社会史とは何か——その方法と軌跡』日本経済評論社、二〇〇〇年
史学会編『歴史学の最前線』東京大学出版会、二〇〇四年
エドワード・P・トムスン他（近藤和彦・野村達朗編訳）『歴史家たち』名古屋大学出版会、一九九〇年
成田龍一『〈歴史〉はいかに語られるか——一九三〇年代「国民の物語」批判』NHKブックス、二〇〇一年
二宮宏之『マルク・ブロックを読む』岩波現代文庫、二〇一六年
ピーター・バーク編（谷川稔他訳）『ニュー・ヒストリーの現在——歴史叙述の新しい展望』人文書院、一九九六年
リュシアン・フェーヴル（長谷川輝夫訳）『歴史のための闘い』平凡社ライブラリー、一九九五年
マルク・ブロック（松村剛訳）『新版　歴史のための弁明——歴史家の仕事』岩波書店、二〇〇四年

エリック・ホブズボーム(原剛訳)『歴史論』ミネルヴァ書房、二〇〇一年
ジャック・ルゴフ他(二宮宏之編訳)『歴史・文化・表象――アナール派と歴史人類学』岩波書店、一九九二年
歴史学研究会編『シリーズ歴史学の現在 3 戦後歴史学再考――「国民史」を超えて』青木書店、二〇〇〇年

2 証拠としての史料・資料

応地利明『絵地図の世界像』岩波新書、一九九六年
大藤修・安藤正人『史料保存と文書館学』吉川弘文館、一九八六年
カルロ・ギンズブルグ(上村忠男・堤康徳訳)『裁判官と歴史家』ちくま学芸文庫、二〇一二年
カルロ・ギンズブルグ(上村忠男訳)『歴史を逆なでに読む』みすず書房、二〇〇三年
佐藤彰一『歴史書を読む――『歴史十書』のテクスト科学』山川出版社、二〇〇四年
佐藤進一『新版 古文書学入門』法政大学出版局、二〇〇三年
ロジェ・シャルチエ(福井憲彦訳)『読書の文化史――テクスト・書物・読解』新曜社、一九九二年
多木浩二『ヨーロッパ人の描いた世界――コロンブスからクックまで』岩波書店、一九九一年
千野香織・西和夫『フィクションとしての絵画――美術史の眼 建築史の眼』ぺりかん社、一九九七年
冨谷至『木簡・竹簡の語る中国古代――書記の文化史』増補新版、岩波書店、二〇一四年
ベルンハルト・ビショッフ(佐藤彰一・瀬戸直彦訳)『西洋写本学』岩波書店、二〇一五年
兵藤裕己編『フィクションか歴史か』岩波講座「文学」第9巻、岩波書店、二〇〇二年

3 歴史の舞台としての環境

石弘之・樺山紘一他編『環境と歴史』新世社、一九九九年

井筒俊彦『イスラーム文化――その根柢にあるもの』岩波文庫、一九九一年
井上勲編『日本の時代史 29 日本史の環境』吉川弘文館、二〇〇四年
ジャック・ウェストビー(熊崎実訳)『森と人間の歴史』築地書館、一九九〇年
上田信『森と緑の中国史――エコロジカル‐ヒストリーの試み』岩波書店、一九九九年
香月節子・香月洋一郎『むらの鍛冶屋』平凡社、一九八六年
ジャン゠ピエール・グベール(吉田弘夫・吉田道子訳)『水の征服』パピルス、一九九一年
鶴見良行『マングローブの沼地で――東南アジア島嶼文化論への誘い』朝日選書、一九九四年
オギュスタン・ベルク(三宅京子訳)『風土としての地球』筑摩書房、一九九四年
ヨースト・ヘルマント編著(山縣光晶訳)『森なしには生きられない――ヨーロッパ・自然美とエコロジーの文化史』築地書館、一九九九年
クライブ・ポンティング(石弘之他訳)『緑の世界史』上・下、朝日選書、一九九四年
エマニュエル・ル゠ロワ゠ラデュリ(稲垣文雄訳)『気候の歴史』藤原書店、二〇〇〇年

4 時間の認識と時代区分

植田重雄『ヨーロッパ歳時記』岩波新書、一九八三年
マイケル・オマリー(高島平吾訳)『時計と人間――アメリカの時間の歴史』晶文社、一九九四年
佐藤次高・福井憲彦編『地域の世界史 6 ときの地域史』山川出版社、一九九九年
角山栄『時計の社会史』中公新書、一九八四年
ゲルハルト・ドールン・ファン・ロッスム(藤田幸一郎他訳)『時間の歴史――近代の時間秩序の誕生』大月書店、一九九九年

福井憲彦『時間と習俗の社会史――生きられたフランス近代へ』ちくま学芸文庫、一九九六年
フェルナン・ブローデル(浜名優美訳)『地中海』全五冊、藤原書店、一九九一~九五年

5 歴史の重層性と地域からの視線

岸本美緒『東アジアの「近世」』山川出版社、一九九八年
陣内秀信・福井憲彦『カラー版 地中海都市周遊』中公新書、二〇〇〇年
杉原薫『アジア間貿易の形成と構造』ミネルヴァ書房、一九九六年
田中克彦『ことばと国家』岩波新書、一九八一年
田村愛理『世界史のなかのマイノリティ』山川出版社、一九九七年
浜忠雄『カリブからの問い――ハイチ革命と近代世界』岩波書店、二〇〇三年
濱下武志他編『アジアから考える』全七巻、東京大学出版会、一九九三、九四年
濱下武志・辛島昇編『地域の世界史 1 地域史とは何か』山川出版社、一九九七年
原聖『周縁的文化の変貌――ブルトン語の存続とフランス近代』三元社、一九九〇年
福井憲彦『鏡としての歴史――現在へのメッセージを読む』日本エディタースクール出版部、一九九〇年

6 グローバルな歴史の捉え方

ジャネット・L・アブー=ルゴド(佐藤次高他訳)『ヨーロッパ覇権以前――もうひとつの世界システム』上・下、岩波書店、二〇〇一年
イマニュエル・ウォーラーステイン(川北稔訳)『近代世界システム』全四巻、名古屋大学出版会、二〇一三年
フィリップ・カーティン(田村愛理他訳)『異文化間交易の世界史』NTT出版、二〇〇二年

川北稔『工業化の歴史的前提――帝国とジェントルマン』岩波書店、一九八三年
川北稔『砂糖の世界史』岩波ジュニア新書、一九九六年
柴田三千雄『近代世界と民衆運動』岩波書店、一九八三年
杉山正明『クビライの挑戦――モンゴル海上帝国への道』朝日選書、一九九五年
関哲行・立石博高編訳『大航海の時代――スペインと新大陸』同文舘、一九九八年
角山栄『茶の世界史――緑茶の文化と紅茶の社会』中公新書、一九八〇年
羽田正『新しい世界史へ――地球市民のための構想』岩波新書、二〇一一年
リン・ハント(長谷川貴彦訳)『グローバル時代の歴史学』岩波書店、二〇一六年
ポール・ビュテル(深沢克己・藤井真理訳)『近代世界商業とフランス経済――カリブ海からバルト海まで』同文舘、一九九七年
深沢克己編著『近代ヨーロッパの探究 9 国際商業』ミネルヴァ書房、二〇〇二年
フェルナン・ブローデル(村上光彦他訳)『物質文明・経済・資本主義』全六冊、みすず書房、一九八五〜九九年
松田武・阿河雄二郎編『近代世界システムの歴史的構図』渓水社、一九九三年
家島彦一『海が創る文明――インド洋海域世界の歴史』朝日新聞社、一九九三年

7 身体と病と「生死観」

フィリップ・アリエス(福井憲彦訳)『図説 死の文化史――ひとは死をどのように生きたか』日本エディタースクール出版部、一九九〇年
池上俊一『身体の中世』ちくま学芸文庫、二〇〇一年
ジョルジュ・ヴィガレロ(見市雅俊監訳)『清潔《きれい》になる〈私〉――身体管理の文化誌』同文舘、一九九四年

大貫恵美子『日本人の病気観――象徴人類学的考察』岩波書店、一九八五年
荻野美穂『生殖の政治学――フェミニズムとバース・コントロール』山川出版社、一九九四年
樺山紘一『歴史のなかのからだ』ちくま学芸文庫、一九九三年
川越修『性に病む社会』山川出版社、一九九五年
A・コルバン他監修(鷲見洋一他監訳)『身体の歴史』全三巻、藤原書店、二〇一〇年
二宮宏之他編訳『アナール論文選 3 医と病い』新評論、一九八四年、新版、藤原書店、二〇一一年
馬場恵二他編『ヨーロッパ 生と死の図像学』東洋書林、二〇〇四年
福田眞人『結核の文化史――近代日本における病のイメージ』名古屋大学出版会、一九九五年
見市雅俊『コレラの世界史』晶文社、一九九四年
見市雅俊他編『疾病・開発・帝国医療――アジアにおける病気と医療の歴史学』東京大学出版会、二〇〇一年
モニク・リュスネ(宮崎揚弘・工藤則光訳)『ペストのフランス史』同文舘、一九九八年

8 宗教と信心のあり方

大塚和夫『イスラーム主義とは何か』岩波新書、二〇〇四年
工藤庸子『宗教vs.国家――フランス〈政教分離〉と市民の誕生』講談社現代新書、二〇〇七年
小松和彦『神々の精神史』福武文庫、一九九二年
佐藤彰一『宣教のヨーロッパ――大航海時代のイエズス会と托鉢修道会』中公新書、二〇一八年
島薗進『国家神道と日本人』岩波新書、二〇一〇年
末近浩太『イスラーム主義――もう一つの近代を構想する』岩波新書、二〇一八年
伊達聖伸『ライシテから読む現代フランス――政治と宗教のいま』岩波新書、二〇一八年

谷川稔『十字架と三色旗――近代フランスにおける政教分離』岩波現代文庫、二〇一五年
中野智世他編『近代ヨーロッパとキリスト教――カトリシズムの社会史』勁草書房、二〇一六年
深沢克己編『ユーラシア諸宗教の関係史論――他者の受容、他者の排除』勉誠出版、二〇一〇年
ロバート・N・ベラー他編『宗教とグローバル市民社会――ロバート・ベラーとの対話』岩波書店、二〇一四年
ジャン・ボベロ(私市正年・中村遥訳)『世界のなかのライシテ――宗教と政治の関係史』白水社文庫クセジュ、二〇一四年
松本宣郎編『キリスト教の歴史 1 初期キリスト教～宗教改革』山川出版社、二〇〇九年
本村凌二『多神教と一神教――古代地中海世界の宗教ドラマ』岩波新書、二〇〇五年
安丸良夫『神々の明治維新――神仏分離と廃仏毀釈』岩波新書、一九七九年

9 歴史人口学が拓いた地平

鬼頭宏『人口から読む日本の歴史』講談社学術文庫、二〇〇〇年
ピエール・グベール(遅塚忠躬・藤田苑子訳)『歴史人口学序説――一七・一八世紀ボーヴェ地方の人口動態構造』岩波書店、一九九二年
斎藤修編著『家族と人口の歴史社会学――ケンブリッジ・グループの成果』リブロポート、一九八八年
二宮宏之他編訳『アナール論文選 2 家の歴史社会学』新評論、一九八三年、新版、藤原書店、二〇一〇年
速水融『歴史人口学の世界』岩波現代文庫、二〇一二年
藤田苑子『フランソワとマルグリット――一八世紀フランスの未婚の母と子どもたち』同文舘、一九九四年
ジャン・ルイ・フランドラン(森田伸子・小林亜子訳)『フランスの家族――アンシャン・レジーム下の親族・家・性』勁草書房、一九九三年
M・ミッテラウアー／R・ジーダー(若尾祐司・若尾典子訳)『ヨーロッパ家族社会史――家父長制からパートナー関係へ』

名古屋大学出版会、一九九三年
森明子『土地を読みかえる家族――オーストリア・ケルンテンの歴史民族誌』新曜社、一九九九年
ピーター・ラスレット（川北稔他訳）『われら失いし世界――近代イギリス社会史』三嶺書房、一九八六年
E・A・リグリィ（速水融訳）『人口と歴史』筑摩書房、一九八二年

10　人と人とを結ぶもの

川越修他編著『近代を生きる女たち――一九世紀ドイツ社会史を読む』未来社、一九九〇年
喜安朗『パリの聖月曜日――一九世紀都市騒乱の舞台裏』岩波現代文庫、二〇〇八年
喜安朗『近代フランス民衆の〈個と共同性〉』平凡社、一九九四年
近藤和彦『民のモラル――ホーガースと一八世紀イギリス』ちくま学芸文庫、二〇一四年
高澤紀恵『近世パリに生きる――ソシアビリテと秩序』岩波書店、二〇〇八年
二宮宏之『全体を見る眼と歴史家たち』平凡社ライブラリー、一九九五年
二宮宏之編『結びあうかたち――ソシアビリテ論の射程』山川出版社、一九九五年
ラルフ・S・ハトックス（斎藤富美子・田村愛理訳）『コーヒーとコーヒーハウス――中世中東における社交飲料の起源』同文舘、一九九三年
森村敏己・山根徹也編『集いのかたち――歴史における人間関係』柏書房、二〇〇四年

11　女性史とジェンダーという視点

ライラ・アブー＝ルゴド（鳥山純子・嶺崎寛子訳）『ムスリム女性に救援は必要か』書肆心水、二〇一八年
井野瀬久美恵『植民地経験のゆくえ――アリス・グリーンのサロンと世紀転換期の大英帝国』人文書院、二〇〇四年

工藤庸子『評伝 スタール夫人と近代ヨーロッパ――フランス革命とナポレオン独裁を生きぬいた自由主義の母』東京大学出版会、二〇一六年
桜井万里子『古代ギリシアの女たち――アテナイの現実と夢』中公文庫、二〇一一年
ジョーン・W・スコット(荻野美穂訳)『ジェンダーと歴史学』増補新版、平凡ライブラリー、二〇〇四年
総合女性史研究会編『時代を生きた女たち――新・日本女性通史』朝日選書、二〇一〇年
長野ひろ子・姫岡とし子編著『歴史教育とジェンダー――教科書からサブカルチャーまで』青弓社、二〇一一年
長谷川まゆ帆『女と男と子どもの近代』山川出版社、二〇〇七年
姫岡とし子『ジェンダー化する社会――労働とアイデンティティの日独比較史』岩波書店、二〇〇四年
姫岡とし子・川越修編『ドイツ近現代ジェンダー史入門』青木書店、二〇〇九年
ミシェル・ペロー(福井憲彦・金子春美訳)『フランス現代史のなかの女たち』日本エディタースクール出版部、一九八九年
三成美保他編『歴史を読み替える ジェンダーから見た世界史』大月書店、二〇一四年
嶺崎寛子『イスラーム復興とジェンダー――現代エジプト社会を生きる女性たち』昭和堂、二〇一五年
ソニア・O・ローズ(長谷川貴彦・兼子歩訳)『ジェンダー史とは何か』法政大学出版局、二〇一六年
脇田晴子『日本中世女性史の研究――性別役割分担と母性・家政・性愛』東京大学出版会、一九九二年
脇田晴子『中世に生きる女たち』岩波新書、一九九五年
脇田晴子/スーザン・ハンレー編『ジェンダーの日本史』上・下、東京大学出版会、一九九四、九五年

12 比較というまなざし

ドナルド・J・オールセン(和田旦訳)『芸術作品としての都市――ロンドン・パリ・ウィーン』芸立出版、一九九二年
川田順造『〈運ぶヒト〉の人類学』岩波新書、二〇一四年

斎藤修『プロト工業化の時代――西欧と日本の比較史』岩波現代文庫、二〇一三年
斎藤修『比較史の遠近法』NTT出版、一九九七年
柴宜弘他『連邦解体の比較研究――ソ連・ユーゴ・チェコ』多賀出版、一九九八年
竹内好『日本とアジア』ちくま学芸文庫、一九九三年
マルク・ブロック（高橋清徳訳）『比較史の方法』講談社学術文庫、二〇一七年
ミヒャエル・ミッテラウアー（若尾祐司他訳）『歴史人類学の家族研究――ヨーロッパ比較家族史の課題と方法』新曜社、一九九四年
森本芳樹『比較史の道――ヨーロッパ中世から広い世界へ』創文社、二〇〇四年

13　政治と文化の再考

ジャン＝マリー・アポストリデス（水林章訳）『機械としての王』みすず書房、一九九六年
有田英也『ふたつのナショナリズム――ユダヤ系フランス人の「近代」』みすず書房、二〇〇〇年
ベネディクト・アンダーソン（白石さや・白石隆訳）『増補　想像の共同体――ナショナリズムの起源と流行』NTT出版、一九九七年
上村忠男『歴史家と母たち――カルロ・ギンズブルグ論』未来社、一九九四年
ドリンダ・ウートラム（高木勇夫訳）『フランス革命と身体――性差・階級・政治文化』平凡社、一九九三年
クリフォード・ギアツ（小泉潤二訳）『ヌガラ――一九世紀バリの劇場国家』みすず書房、一九九〇年
ロジェ・シャルチエ（松浦義弘訳）『フランス革命の文化的起源』岩波書店、一九九四年
カール・E・ショースキー（安井琢磨訳）『世紀末ウィーン――政治と文化』岩波書店、一九八三年
谷川稔他『規範としての文化――文化統合の近代史』ミネルヴァ書房、二〇〇三年

ピーター・バーク（長谷川貴彦訳）『文化史とは何か』増補改訂版、法政大学出版局、二〇一〇年
羽田正『モスクが語るイスラム史――建築と政治権力』中公新書、一九九四年
リン・ハント（松浦義弘訳）『フランス革命の政治文化』平凡社、一九八九年
福井憲彦『世紀末とベル・エポックの文化』山川出版社、一九九九年

14　歴史と記憶または歴史と現在

阿部安成他編『記憶のかたち――コメモレイションの文化史』柏書房、一九九九年
生井英考『負けた戦争の記憶――歴史のなかのヴェトナム戦争』三省堂、二〇〇〇年
岡本充弘『過去と歴史――「国家」と「近代」を遠く離れて』御茶の水書房、二〇一八年
E・H・カー（清水幾太郎訳）『歴史とは何か』岩波新書、一九六二年
川田順造『サバンナ・ミステリー――真実を知るのは王か人類学者か』NTT出版、一九九九年
近藤和彦『イギリス史10講』岩波新書、二〇一三年
斉藤孝『歴史の感覚――同時代史的考察』日本エディタースクール出版部、一九九〇年
キース・ジェンキンズ（岡本充弘訳）『歴史を考えなおす』法政大学出版局、二〇〇五年
谷川稔編『歴史としてのヨーロッパ・アイデンティティ』山川出版社、二〇〇三年
土肥恒之『岐路に立つ歴史家たち――二〇世紀ロシアの歴史学とその周辺』山川出版社、二〇〇〇年
成田龍一『近現代日本史と歴史学――書き替えられてきた過去』中公新書、二〇一二年
ピエール・ノラ編（谷川稔監訳）『記憶の場――フランス国民意識の文化＝社会史』全三巻、岩波書店、二〇〇二、〇三年
兵藤裕己『太平記〈よみ〉の可能性　歴史という物語』講談社学術文庫、二〇〇五年
ジョン・ボドナー（野村達朗他訳）『鎮魂と祝祭のアメリカ――歴史の記憶と愛国主義』青木書店、一九九七年

マーガレット・メール（千葉功・松沢裕作他訳）『歴史と国家——一九世紀日本のナショナル・アイデンティティと学問』東京大学出版会、二〇一七年
森明子編『歴史叙述の現在——歴史学と人類学の対話』人文書院、二〇〇二年
ジャック・ル・ゴフ（立川孝一訳）『歴史と記憶』法政大学出版局、一九九九年
歴史学研究会編『現代歴史学の成果と課題　一九八〇—二〇〇〇年』全二巻、青木書店、二〇〇二、〇三年
同『現代歴史学の成果と課題　二〇〇一年〜二〇一五年』全三巻、績文堂出版、二〇一七年

索　引

あ 行

か 行

さ 行

た 行

な 行

は 行

ま 行

や　行

ら・わ　行

福井憲彦

1946年生まれ
東京大学文学部卒
現在—学習院大学名誉教授
専攻—フランス近現代史
著書—『近代ヨーロッパの覇権』(講談社学術文庫，2017年)
『近代ヨーロッパ史』(ちくま学芸文庫，2010年)
『ヨーロッパ近代の社会史』(岩波書店，2005年)
『パリ　建築と都市』(共著，山川出版社，2003年)
『フランス史』(編著，山川出版社，2001年)
『世紀末とベル・エポックの文化』(山川出版社，1999年)
『鏡としての歴史』(日本エディタースクール出版部，1990年)ほか

岩波テキストブックスα
歴史学入門 新版

2019年3月26日　第1刷発行
2024年4月5日　第4刷発行

著　者　福井憲彦《ふくいのりひこ》

発行者　坂本政謙

発行所　株式会社 岩波書店
〒101-8002 東京都千代田区一ツ橋2-5-5
電話案内 03-5210-4000
https://www.iwanami.co.jp/

印刷・三秀舎　カバー・半七印刷　製本・中永製本

ISBN 978-4-00-028921-4　　Printed in Japan

ファシズムとは何か
ケヴィン・パスモア
福井憲彦訳
四六判二六八頁
定価二五三〇円

マルク・ブロックを読む
二宮宏之
岩波現代文庫
定価一三八六円

東大連続講義 歴史学の思考法
東京大学教養学部
歴史学部会編
A5判二四〇頁
定価二二〇〇円

現代歴史学への展望
——言語論的転回を超えて——
長谷川貴彦
四六判二五四頁
定価三一九〇円

グローバル時代の歴史学
リン・ハント
長谷川貴彦訳
四六判二一〇頁
定価二九七〇円